Kraatz · Rügen – Köstlichkeiten einer Inselküche

RÜGEN

Köstlichkeiten einer Inselküche

Kulinarisch-historischer Streifzug
durch RÜGEN und HIDDENSEE

von
Dipl.-Ökonom Dieter Kraatz

Kraatz, Dieter:
RÜGEN – Köstlichkeiten einer Inselküche
Kulinarisch-historischer Streifzug
durch RÜGEN und HIDDENSEE
1. und 2. Auflage im Fachbuchverlag Leipzig (1990)

ISBN 3-9803522-4-2

1. überarbeitete Auflage
Fotos: Grit Hentschel, Berlin
Herstellung: rügendruck putbus

Inhaltsverzeichnis

Rezepte

Vorwort

Die Insel RÜGEN gehört zweifellos zu den begehrtesten Reisezielen der deutschen Ostseeküste. Wie ein Kaleidoskop ist Rügen schier unerschöpflich an immer neuen Bildern, an unterschiedlichen landschaftlichen Formationen, an Zeugen einer wechselvollen Geschichte und zugleich an liebevoll bewahrten Traditionen und Bräuchen. Wer heute Rügen besucht, der kommt mit ganz differenzierten Erwartungen und Bedürfnissen und die Rüganer bemühen sich darum, diese Wünsche ihrer Gäste zu erfüllen.

Hatte man sich auf Rügen in den letzten 40 Jahren deutscher Geschichte mehr auf den gewerkschaftlichen Massentourismus gestützt, schnell mußte man lernen mit der Marktwirtschaft umzugehen und sich den anspruchsvollen Erwartungen international erfahrener Gäste zu stellen. Gewiß, das ist auch heute noch nicht überall möglich, denn die Probleme sind vielschichtig, sitzen tiefer und bedürfen viel gegenseitiges Verständnis und Kommunikation.

Der Tourismus schlägt Brücken. Die Gäste kommen mit teils klischeehaften aber großen Erwartungen nach Rügen. Sie entdecken den einmaligen Reiz gegensätzlicher Landschaftsbilder, die Vielzahl Zeugen aus einer wechselvollen Geschichte, sie besuchen die herausragenden kulturellen Sehenswürdigkeiten begeistern sich an den breiten Sandstränden und den tunnelartigen Alleen. Die Liebe zu Rügen hat begonnen, zu einer Insel, die größer und schöner ist, als man sie beschreiben oder zu malen vermag …

Doch Liebe geht auch durch den Magen. So unterschiedlich die Landschaftsbilder Rügens sind, so unterschiedlich haben sich auch regionale Besonderheiten der Inselküche entwikkelt. Sie war keinesfalls üppig, eher war es der bitteren Armut geschuldet, daß man über viele Generationen erfinderisch war, daß man bestimmte regionale Lieblingsgerichte weiterentwickelte und überlieferte.

Ein Teil der in diesem Buch genannten Speisen ist den Einheimischen bekannt. Ein anderer Teil läuft bereits Gefahr, vergessen zu werden. Dieses Buch soll ein wenig dazu beitragen, Rezepte der Inselküche Rügens zu bewahren. So dankt der Autor den vielen Rüganern, die dazu beigetragen haben, daß die nachfolgenden alten Gerichte und ihre Rezepte hervorgekramt und aufgeschrieben werden konnten. So enthält dieses Buch nicht nur „Köstlichkeiten einer Inselküche“, vielmehr ist es selbst ein Stück Geschichte Rügens.

Die Landschaft der Insel

Rügen ist im Laufe seiner wechselvollen Geschichte viele Male erobert worden. Die Dänen und zuletzt die Schweden hinterließen ihre Spuren, bis das 974 km^2 große Eiland nach dem Wiener Kongreß Preußen zugeschlagen wurde. Deutschlands größte Insel fasziniert seitdem Urlauber und Touristen aus Nah und Fern.

Der Reiz der Insel liegt vor allem in der großen Vielfalt der Landschaftsformen, in dem einzigartigen Durchdrungensein der Küste von Land und Meer. Kein Punkt der Insel ist weiter als 6 km vom Meer entfernt. 100 m hohe, wild zerklüftete, mit Buchenwald bedeckte Kreidefelsen wechseln ab mit Lehmufern und kilometerlangen feinsandigen Stränden.

Der Inselkern, den man Muttland nennt, ist umgeben von fünf Halbinseln und vielen kleinen Inseln, die von Bodden und Wieken gerahmt sind. Auf Rügen findet man dicht beieinander Sandküsten, Moränenhügel, Moore, Salzwiesen, verschilfte Ufer- und Heidegebiete mit einer mannigfaltigen Flora und Fauna. Gleich drei Naturschutzgebiete haben sich dem Erhalt der einmaligen Landschaft verschrieben. Im Südosten ist es das Biosphärenreservat, auf der Halbinsel Jasmund der Nationalpark und im Nordwesten zwischen dem Bug auf Wittow, Hiddensee und der Insel Ummanz, der Nationalpark Vorpommersche Boddenlandschaft.

Die kleinen Inseln, Buchten und verschilften Boddenufer rundum sind ein ideales Brutgebiet für vielerlei Arten von Wasservögeln. Zwischen Hiddensee und Ummanz ist ein beliebter Rastplatz der Kraniche, Wildgänse und vieler anderer Zugvögel. Hier brüten Stock-, Krick-, Löffel- und Bleßenten, Brandgänse, Sturm- und Silbermöwen, Flußseeschwalben, Uferschwalben, der mittlere Säger, Sandregenpfeifer, Rotschnabel, Kiebitz und Austernfischer.

Seltener erblickt man Fischreiher und Seeadler. Ebenso vielfältig sind die Fischarten. Fangfrischer Fisch – wir kommen später darauf zurück – gehört in der Vielfalt seiner Zubereitungsarten in jedes gut geführte Insel-Restaurant.

Auf den Schwemmböden des Bugs, der Schaabe, der Prora, bei Baabe und in den Dünen von Thiessow pflanzte man Kiefern an. Oft tritt sie auch als urwüchsiger Bestand auf. Auf den Moränenhügeln der Granitz, der Goor und der Insel Vilm stehen große Buchenwälder, ebenso in der Stubnitz. Eine Besonderheit liegt hier darin, daß in den Tälern von Bächen die Buchenwälder mit Eichen, Erlen und Bergahorn vermischt sind. Im Nationalpark Jasmund hat man 23 Orchideenarten registriert. Die Standorte halten die Naturschützer im Interesse solcher Schätze natürlich geheim, denn Besuchern des Nationalparks bleiben die befestigten Wege mit ihren herrlichen Ausblicken auf die Kreideküste vorbehalten.

Westlich von Nardevitz wächst sehr hoher Schachtelhalm und in den Feuersteinfeldern westlich von Neu-Mukran gedeihen Wacholderbüsche von 6 bis 8 m Höhe.

Ein traumhafter Anblick bietet sich wenn die Heiderose blüht.

Unvergeßlich ist für jeden Besucher auch eine Wanderung auf der Insel Hiddensee. Fritz Reuter, der seinen Lebensabend in Eisenach verbrachte, schwärmte von Hiddensee als dem lieblichsten Ländchen, von den armen Fischern und Seeleuten, die es bewohnten, „das söte Länneken" genannt.

Seit Jahrhunderten ist die Insel auch ein Vogelparadies. Um die 250 Vogelarten soll man hier gezählt haben. Der südliche Zipfel ist ihrer Brutpflege vorbehalten und für Touristen gesperrt. Das ist auch gut so, denn in früheren Jahren jagten die Bewohner der Insel nicht nur Federvieh, vielmehr sammelten sie auch Eier aus den Gelegen, um sie in der Küche zu verwenden.

Johann Jacob Grümbke (1771–1849), ein Privatgelehrter, der sein ganzes Leben der rügenschen Geschichte verschrieben hat, wußte 1815 zu berichten, daß „das Gestade von Vogeleiern mannigfaltiger Art wie besäet" war. Heute sorgt der Nationalpark Vorpommersche Boddenlandschaft dafür, daß Hiddensee und Rügen seine reiche Vogelwelt behält.

Inselgerichten auf der Spur

Wenn wir von Inselküche sprechen, dann stellen wir voraus, daß auch sie, wie jede andere regionale Küche, nicht unbeeinflußt ist von der Praxis und den Erfahrungen anderer Küchen. Bedingt durch die Trennung vom Festland haben sich jedoch Hiddensee und Rügen über Jahrhunderte eine relativ große Eigenständigkeit bewahrt, was eigentlich typisch ist für Inselbevölkerungen.

Deutlich spürbar sind bei der Inselküche Rügens Einflüsse aus Mecklenburg-Pommern, denn zeitweise gehörten die Inseln zum Herzogtum Pommern, das auch Teile von Mecklenburg einschloß. Manches Gericht der Inselküche erinnert jedoch auch an die schwedische Küche, denn von 1648–1815 gehörten die Inseln zum Königreich Schweden.

Natürlich brachten auch Fahrensleute auf allen Weltmeeren manche Zutat heim und man probierte aus, ob diese vielleicht zur Bereicherung alter Kochrezepte geeignet sind. Mit der Geburtsstunde des Fremdenverkehrs vor etwa 150 Jahren hielten auch andere Gerichte Einzug auf Rügen. Einheimische Köche arbeiteten im Winter in deutschen Wintersportgebieten und brachten von dort viele Erfahrungen und Anregungen mit. –

Die in diesem Buch gesammelten Gerichte haben jedoch ihren Ursprung vorrangig im harten Arbeitsalltag der einfachen Leute. Insofern ist es keine vollständige Inselküche, die hier vorgestellt wird: Denn die üppige herrschaftliche Küche blieb im wesentlichen unberücksichtigt. Gerade unser Bestreben, uns gesundheitsbewußt zu ernähren, lenkt unsere Aufmerksamkeit auf diese bewährte Küche der armen Leute, die trotzdem reich an Köstlichkeiten war.

Das sind Gerichte,

... die von den natürlichen Gegebenheiten der Insellandschaft geprägt sind,

... die sich von der Einfachheit der Zubereitung und der Bescheidenheit ihrer Zutaten den Lebensbedingungen der Rüganer entsprachen,

... die beeinflußt sind von jahrhundertealten Traditionen der Insulaner.

Die Inselküche stellt also eine Sammlung von über 100 Rezepten Rügens und Hiddensees dar, die aus verstaubten Kochbüchern oder Urgroßmutters Rezeptesammlung hervorgekramt und wieder ans Licht geholt wurden.

Für die Rüganer wird bei diesem oder jenem Rezept ein Stück Erinnerung wach, an die Kinderzeit und ein damaliges Leibgericht. Besucher der Insel verbinden die Rezepte an diese oder jene Urlaubserinnerung, an ihr Lieblingslokal oder ganz einfach, an schöne Urlaubstage auf Rügen.

Exkurs in die Vergangenheit

Knochenfunde von Rentieren, Mammut, Elch, Rothirsch, Reh und Wildschwein beweisen, daß die steinzeitlichen Siedler von der Jagd lebten. Aufgeschlagene Knochen deuten darauf hin, daß auch das Mark verzehrt wurde. Beeren und Wildfrüchte dienten als Beigaben, auch Haselnüsse, Eicheln und wilde Äpfel verschmähte man nicht.

Aus Horn gefertigte Harpunen, die im Venzer Moor und am Nonnensee bei Bergen gefunden wurden, zeugen von den Anfängen des Fischfangs an den Rügenschen Küsten der Mittelsteinzeit. Erst am Ende dieser Periode kam der Ackerbau als weitere Nahrungsquelle hinzu. Als erste Kulturen kannte man Pferdebohnen, Erbsen und Linsen. Später begann der Anbau von Getreidesorten wie Gerste, Weizen, Hirse und Hafer.

Anfänge der Viehzucht reichen ebenfalls bis in die Steinzeit zurück. Der auf Rügen heimische Ur wurde gezähmt und als Rind herausgezüchtet.

Zum Hausrat der Bronzezeit zählten in den bereits festen Bauernhäusern ein Handstein und ein Blockstein. Mit dem Handstein wurden auf dem Blockstein die Getreidekörner zerkleinert. Auf heißen Steinen, bedeckt mit glühender Asche, backte man Roggenbrot zu einer Zeit, als in anderen Gegenden bis dahin Weizen- und Gerstenbrot gegessen wurde. Auch Rüben, Möhren und Hülsenfrüchte baute man auf Rügen an und verwertete sie.

Nachgewiesen ist auch, daß bereits damals auf Rügen aus Gerste und Honig Met gebraut und der bei Glaubenshandlungen genossen wurde.

Über viele Jahrhunderte währte die Zucht von Waldbienen auf Rügen. Historische Quellen belegen, daß die heidnischen Ranen ihrem Gott Swantevit einen Honigkuchen opferten, der von der Größe einen Priester verdeckte. Das Hauptfest zu seinen Ehren war das Erntefest. Zu einem Brauch gehörte, daß man ein Horn mit Met füllte. Aus dem Rest, der vom vorhergehenden Jahr darin übrig geblieben war, schloß man auf eine gute oder eine schlechte Ernte.

In den ersten Jahrhunderten nach der Zeitenwende hatten die germanischen Stämme im Rahmen der Völkerwanderung die nördlichen Gefilde Mitteleuropas verlassen, so auch Rügen. Slawische Ranen drangen in die verlassenen Gebiete vor und wurden seßhaft.

Sehr spät, erst 1168 landete der kriegerische dänische Bischof Absalon auf Rügen, stürzte das heidnische Götzenbild des Swantevit. Damit wurde die Christianisierung Rügens eingeleitet. Christliche Feudalherren beherrschten die Slawen. Damals begann auch das dunkle Kapitel der Leibeigenschaft auf Rügen. Sie prägte zweifellos in besonderem Maße die entbehrungsreiche Lebensweise der Rüganer. Um 1772 begann die herzogliche Domänenverwaltung. Ackerwerke wurden angelegt, die man heute Gutshöfe nennen würde. Die bislang in diesen Gebieten ansässigen Bauern wurden vertrieben. 1614 berichtet Balthasar Prütze in einer Niederschrift darüber, daß dieses „Bauernlegen" viele „Wüstungen" auf Rügen zur Folge hatte, in Siedlungen, die um das Jahr 1500 noch 20, 30 ja sogar 40 „Feuerstätten" (Höfe) hatten.

Wer noch einen eigenen Bauernhof besaß, der hatte trotzdem jährliche Ernteabgaben an die Gutsherrschaft zu entrichten. Ein Bauer aus Malkwitz zahlte zum Beispiel im Jahre 1607 außer einer Geldpacht noch Futterhafer, Hühner und Eier. Das war längst nicht alles. Bischofskorn, Priesterzehnt, Küsterkorn, Kirchenschoß und Landschoß kamen dazu und mannigfaltige Dienste für den Grundherrn. Der Rügensche Adel genoß dafür Steuerfreiheit. Aus damaligen Steuerlisten geht auch hervor, daß man Ende des 16. Jahrhunderts auf Rügen 30 Mühlen und 70 „Krüge" zählte.

Bis Ende des 18. Jahrhunderts waren noch immer 75 Prozent der Bevölkerung als recht- und landlose Leibeigene den Junkern dienstbar. Der Schriftsteller und Publizist Ernst Moritz Arndt, in Groß Schoritz auf Rügen geboren, prangerte in seinen Geschichten erbittert diese Verhältnisse in seiner rügenschen Heimat an.

Fisch – seit Jahrhunderten auf dem Speisezettel

Fisch war eine wichtige Quelle der menschlichen Ernährung auf Rügen und Hiddensee. Ostsee und Bodden zeichneten sich im 12. Jahrhundert durch einen außerordentlichen Fischreichtum aus. Die Cronica Slavorum von *Helmold* (Slavenchronik) weiß zu berichten, „... daß dort des Fischfanges wegen eine sehr große Menge von Handelsleuten zusammengekommen war. Im November nämlich, wenn der Wind stärker weht, werden daselbst viele Heringe gefangen ...“.

Die 273 km lange Küste Rügens bot über Jahrhunderte vielfältige Möglichkeiten der Heringsfischerei, die während der Hanse zeitweise auch überregionale Bedeutung besaß. Später blieb die Rügensche Fischerei wieder auf die heimatlichen Gefilde beschränkt.

Das sogenannte Heberegister des Jahres 1532 sagte über den Heringsfang aus, „edt heft vorhen vele mher gegeven“ (Es hat vorher viel mehr gegeben). Das geringer gewordene Fischaufkommen und die schwierigen Bedingungen der Fischerei brachte den Fischern und ihren Familien nur ein bescheidenes Einkommen, sodaß es über Jahrhunderte auf Rügen gang und gäbe war, gleichzeitig als Kleinbauer bei bescheidenstem Landbesitz für den Unterhalt der Familie zu sorgen. Solche „Fischerbauern“ lebten in erster Linie auf der Halbinsel Mönchgut.

Südlich von Arkona liegt das idyllische Fischerdörfchen Vitt. Sein Name erinnert an die „Fitten“, jene am Strand errichteten Holzhütten, in denen Kaufleute den Fisch einsalzen und verpacken konnten. Auch Vitte auf Hiddensee geht auf diese Geschichte zurück. Dort soll zur Fangsaison ein solcher Betrieb geherrscht haben, daß die Herren von Platen und von Putbus dort Dorfkrüge betrieben ließen.

Zu Beginn der Fangsaison traf man sich bei den Fitten, und es wird berichtet, daß es weniger Berufsfischer als vielmehr Männer aus der bäuerlichen Bevölkerung waren. In der schwedischen Landesmatrikel von 1694/95 steht zum Stichwort „Goor“ (nahe der Wittower Fähre) geschrieben: „Diese Bauern pflegen im Meer zu fischen, im Herbst nach Hering, Flundern und Dorsch, aber nicht zu anderen Zeiten im Jahr.“ Und unter Putgarten ist vermerkt: „Fünf von den Kossaten (Häuslern) pflegen in der großen See zu fischen, und ihre vornehmlichste Fischerei besteht im Heringfang im Herbst sowie Flundern und Dorsch.“

Die Entwicklung der Fitten auf Rügen und Hiddensee verlief während der Jahrhunderte sehr unterschiedlich. Einige Plätze werden nach 1532 nicht wieder erwähnt, während sich andere, wie Vitt, Lohme, Kriwitz und Saßnitz, zu Fischersiedlungen entwickelten. Für die Bewohner dieser Orte stand über Jahrhunderte offensichtlich die Fischerei im Vordergrund. In der schwedischen Quelle werden sie „Fischer“ genannt, und kennzeichnend für sie ist, daß sie in der Regel kein Land besaßen. Sie hatten lediglich Vieh für den eigenen Bedarf, meist eine Kuh und auch Schafe.

Die Fischerei auf Rügen und Hiddensee war allerdings stets – sowohl in der Feudal-

herrschaft als in den folgenden Epochen – rechtlich eingeschränkt. So ist überliefert, daß im Feudalismus auf Rügen der Territorialherr über den „großen" Strand verfügte, während dem jeweiligen Grundherren der „Binnenstrand" vorbehalten blieb. Die Nutzung war in der Regel mit erheblichen Abgaben belegt, die meist von Ort zu Ort, von Grundherrschaft zu Grundherrschaft, auch zeitbedingt recht unterschiedlich aussah. Zum Beispiel waren der Grundherrschaft Spycker bei Nutzung des Außenstrandes zur Fischerei von jedem Fischer 10 Pfund Fisch zu entrichten und für die Außenfischerei jeder 8. Fisch.

Auf der Halbinsel Mönchgut galt, daß im Herbst jeder 3. Fisch oder Pfennig (des verkauften Fanges) sowie im Frühjahr 4 Stiegen Hering, die Stiege mit ja 20 Stück Fisch, abzuliefern waren. Diese bedrückenden Fischereirechtsverhältnisse wurden erst nach Aufhebung der Leibeigenschaft durch Schweden im Jahre 1806 geändert. Die Herren dachten sich daraufhin andere Beschränkungen aus, bei Reusen, bei Garnfischerei u. v. a. m.

Eine Sonderstellung konnten die Fischer von Vitte auf Hiddensee durch einen Beschluß von 1854 für sich in Anspruch nehmen, in dem es u. a. heißt: „Der Außen- und Binnenstrand mit der bisherigen Fischereinutzung ist ein Eigentum der 21 Kossatenhöfe und der 36 Häuslerstellen, und zwar unter sich zu gleichen Teilen." Auf „Gemeinrecht" zu fischen blieb eine Ausnahme. Es entwickelten sich auf Rügen nebeneinander die sogenannte Bauernfischerei – wenn landwirtschaftlicher Erwerb überwog – als auch die Kleinfischerei in den Siedlungen, wo in erster Linie Fischfang betrieben wurde. Erst im Laufe des 19. Jahrhunderts gaben größere Bauern das Fischen auf, während sich Klein- und Kleinstbauern ausschließlich dem Fischfang widmeten. Sie fischten nun bereits nicht mehr nur für den eigenen Verzehr.

In einem Bericht aus dem Jahre 1833 wird auf eine ziemlich umfangreiche Schafzucht der Fischer auf Ummanz in Mersewiek und auf der Halbinsel Mönchgut verwiesen. Auf jedem Fischerhof hielt man in der Regel für den Eigegenbedarf ein Schwein, Hühner, Enten und Gänse.

Von Hiddensee ist für die ersten beiden Drittel des 19. Jahrhunderts überliefert, daß z. B. die Kossaten und Häusler auf der Gemeindewiese Tausende Hühner groß fütterten, um sie in Stralsund zu verkaufen. Das fand ein Ende, als die gemeinsame „Hütung" durch eine Verordnung aus dem Jahre 1866 aufgeteilt wurde.

Stets spielte der Nebenerwerb bei den Inselfischern von Rügen und Hiddensee eine wichtige Rolle, weil der Fang oft nicht für den Familienunterhalt ausreichte. So dienten seit dem 17. Jahrhundert Fischverarbeitung, auch die Seefahrt und in den letzten hundert Jahren in zunehmendem Maße der Fremdenverkehr als zusätzliche Einnahmequellen.

---

[1] Kossaten und Häusler waren landlose bzw. landarme Dorfbewohner.

Die Eßlust der Rüganer

In der Geschichte taucht immer wieder das Gerücht auf, man habe auf Rügen besonders gern und viel gegessen. Der dem Minnesang frönende *Wizlaf III.* (1302–1325), der letzte Sproß des Teilherzogtums Rügen, dichtete u. a. ein Lied, in dem er von solchen irdischen Genüssen schwelgte.

Er sang von „ber und mede, gode win, rinder, gose, feiste swin" (Bier und Met, gutem Wein, Rindern, Gänsen und feisten Schweinen).

Von besonderer Eßlust auf Rügen spricht der Spottvers des Kamminer Bischofs Marinus, der von 1479 bis 1482 wirkte:

> *„Si tu non poteris septem maltide vorare*
> *Et monstrum casei, non Rugianus eris".*

In Deutsch etwa:

> *„Will's dir nicht gelingen sieben*
> *‚Moltieden' (Mahlzeiten) zu schlingen*
> *und einen Käse Zentnergewichts,*
> *giltst du auf Rügen nichts."*

Die Rügensche Geistlichkeit muß zeitweise über einen ausgezeichneten Appetit verfügt haben. So heißt es von einer Synode des Jahres 1692, sie habe jene im Jahre 1562 an Völlerei noch überboten.
Obwohl einige Pfarrer für die Zusammenkunft schon reichlich Verpflegung eingekauft hätten, nämlich 4 Hammel, 2 Kälber, 52 Hühner, 8 Gänse, 160 Eier und 32 Pfund Butter, mußte nachträglich noch 1 junger Ochse, 1 Schweinchen, für 77 Mark Gewürze, für 82 Mark Bier und 48 Anker französischer Branntwein herangeschafft werden!

70 Pastoren und Küster berieten nach den Gelagen über das ungebührliche Benehmen von Küstern, die das „Tobaktrinken" nicht ließen und über das Verhalten von Pfarrersfrauen und -töchtern, die der „Adligen Kleidung nachahmten". –

Besonders üppig soll auch die Tafel des Herzogs von Holstein gewesen sein, der sich während des 30-jährigen Krieges mit 6800 Soldaten und dazugehörigem Troß in Bergen einquartiert hatte. Allein für die Tafel des Herzogs brauchte man täglich

1/2 Ochsen	1 Scheffel Weizen
1/2 Schwein	1 1/2 Tonnen Bier
2 Schafe	4 Pfund Lichte
1 Kalb	(wöchentlich für 36 Reichstaler)
6 Hühner	Wein, Gewürz und Konfekt,
2 Gänse	je 1 Scheffel Erbsen, Hafer und Gerstengrütze
10 Pfund Butter	1/2 Tonne Essig
4 Pfund Speck	1/2 Tonne Salz
10 Pfund gedörrtes Fleisch	20 Pfund Stockfisch
20 Eier	1 Achtel Hering
1 gedörrte Gans	2 Scheffel Brotkorn.

Der bereits erwähnte Rügener Heimatforscher *Grümbke* stellte in seinen Büchern von 1805 und 1819 zu den Eßgewohnheiten fest, daß ein Rügenscher Bauernknecht doppelt so viel schaffte wie ein sächsischer, aber auch doppelt so viel verzehrte.

Johann Friedrich Zöllner schwärmte 1795 von einem „Rügenschen Frühstück" auf Stubbenkammer, bestehend aus geräuchertem Aal, Schinken, Pökelfleisch und Kalbsbraten, Wurst, Zunge mit Portwein und sogenanntem Lebenswasser ... Wenn das ein „Rügensches Mahl" war, damals noch während der Schwedenzeit Rügens, dann dürfte sich das erheblich zum Speisezettel der Bauern- und Fischerfamilien unterschieden haben.

Ernst Moritz Arndt, 1769 in Groß Schoritz geboren, schrieb in seinen Jugenderinnerungen vom Wohlstand auf dem väterlichen Gutshof, geißelte aber gleichzeitig die Leibeigenschaft auf Rügen und das ärmliche Leben der Bauern und Fischer. Vom eigenen Leben erzählte er: „Unser Federhof lieferte Gänse, Puthähne, Enten, Hühner und Tauben und das gute Gewehr meines Vaters Hasen, Rebhühner, wilde Enten und die herrlichsten Schnepfen, wovon der Strand und seine weiten Wiesen wimmelten ... Fische, Gefiedertes, Geräuchertes und Gesalzenes fehlten fast nirgends; Zucker, Kaffee, Tee waren in dem fast nicht bezollten Lande sehr wohlfeil; Bier und Branntwein fehlten nimmer, selten auch ein Glas Wein."

Der 1860 in Bergen geborene Historiker und Volkskundler *Alfred Haas* meinte 1920, daß die Rüganer immer noch in dem Ruf stünden, starke Esser und Trinker zu sein. Als Beweis dafür führte er den Gebrauch einer Reihe typischer Redewendungen an, wie

„Dörch de Kehl geht väl"
„De het natt fodert"
„He frett as'n Schüündöscher"
„De Goos is'n narrscher Vagel:
tom Frühstück ist dat'n bäten to väl,
un to Middag nich recht genog".

So eßlustig, wie diese Episoden und Redewendungen verdeutlichen, waren die Rüganer vielleicht, aber die wenigsten konnten es sich leisten. Ihre Ernährungsgewohnheiten waren eher bescheiden. So haben viele Rügener Gerichte ihren Ursprung in der einfachen Lebensweise.

Zur Geschichte der Gerichte

Im wesentlichen wird die rügensche Küche vom Fischfang in der Ostsee und in den Boddengewässern bestimmt. Man kannte über 70 Fischarten. Hering, Goldbutt, Scholle, Steinbutt, Seezunge, Hecht, Schleie, Karpfen, Barsch, Karausche, Aal und Ostseelachs waren sehr verbreitet.

Grümbke sprach 1815 von 20 bis 30 Gattungen Fisch und nannte Forelle und Makrele die seltensten. Als feinster Fisch galt der Lachs. Karpfen und Schleie auf polnische Art standen schon lange auf dem Speisenzettel. Der wichtigste Fisch war und ist auch heute noch der Hering.

Wie wurde nun der Fisch verarbeitet bzw. haltbar gemacht?

Aus dem 17. Jahrhundert ist bekannt, daß die Fischer den Hering gesalzen haben. Das geschah im „Solthuus", im Salzhaus, einem kleinen rohrgedeckten Schuppen in Ufernähe.

Die Fischer trugen den Fang an Land, und schon die am Strand versammelten Frauen begannen, die Fische „ut to küten" (auszuweiden). Die Fische wurden hinter den Kiemen aufgeschnitten, und man entfernte die Eingeweide. Rogen und Milch verblieben im Fisch. Dann erfolgte das Einlegen mit Salz in Fässer.

Wenig Anklang fand das auf Rügen zeitweise – so um 1800 – praktizierte „Drüschen", weil durch den Entzug des Blutes der Hering zwar haltbar, aber auch zäher wurde. *Degner* schilderte es so: „Das Drüschen wurde auf folgende Weise gemacht: Nachdem der Hering gekehlt war, wurde er in großen Bottichen, sogenannten Drüschkübeln, eingesalzen. Es bildete sich eine Blutlake, und blieb der Fisch hierin 4 bis 5 Tage liegen, so daß er fast halb gar wurde ... Dann wurde der Hering auf die Drüschbank zum Ablecken gelegt, was 1 bis 2 Tage dauerte. Die Drüschbänke waren große durchlöcherte Brettergestelle oder Lattenroste. Dann erst wurde der Hering handelsüblich in Tonnen eingesalzen."

Nach *Grümbke* wurde der Salzhering auf Rügen auch Schellhering genannt. Die Bauern kauften grüne Heringe und salzten sie für den eigenen Bedarf ein. In den Mönchguter Dörfern kamen auch Aal und Flunder in die Salztonne, die dann als „Peekaal" und „salten Flunner" gekocht verzehrt wurden.

Nach einer Überlieferung von 1797 praktizierte man noch eine weitere Art des Haltbarmachens der Heringe, nämlich das geringere Einsalzen. So konnte man die Heringe auch einige Monate aufbewahren, und zwar wurden sie dann in Wasser gekocht, mit süßer Milch – gelegentlich auch mit zerlassener Butter beträufelt –, auf gebratenes Weißbrot gelegt und verzehrt.

Von diesem sogenannten Drüschelhering weiß *Steffen* zu berichten, daß er auf Mönchgut noch bis zur Mitte unseres Jahrhunderts bekannt war. Man salzte den Hering nur etwa 4 bis 6 Tage und aß ihn gekocht, möglichst mit aus Senfkörnern selbst zubereitetem Senf. Das Räuchern der Fische ist mindestens schon seit dem 17. Jahrhundert bekannt, denn aus der schwedischen Landesmatrikel dieser Zeit für Rügen geht hervor, daß in einem Falle der Grundherr einen Räucherlachs als jährlichen Zins erhielt.

Zöllner notierte 1795 auf seiner Rügenreise, daß die Hiddenseer und die Einwohner von Vitt auf der Halbinsel Wittow den Hering räucherten und als Bückling verkauften.

Man nannte ihn auf Rügen „Spickhering" und räucherte ihn im Rauchfang des Hauses. Das hat *Zöllner* 1795 so erlebt: „Die Küche war dergestalt voll Rauch, daß wir kein Auge darin öffnen konnten. ‚Das müßte seyn', sagte der Bauer, ‚um Schinken, Fische und Netze zu räuchern.'"

Christoffel beschrieb 1829 wie der Bückling auf Rügen zubereitet wurde: Er wird „gekehlt, das heißt am Untertheil des Kopfes ausgeschnitten, sorgfältig vom geronnenen Blut gereinigt, und mit Salz vermischt. Nachdem er so einige Stunden oder mehr, die Zeit richtet sich nach der ihm zu gebenden Haltbarkeit, im Salze gelegen hat, wird er abgetrocknet, auf hölzerne Speere gereiht und in den Rauch gebracht ... Rauch vom Wacholderstrauch oder büchenen Spähnen, auch Sägespon ist hierzu am besten. Nach etwa sechs Stunden ist der Fisch durchräuchert."

Weit verbreitet auf Rügen war getrockneter Hering. Man schnitt den grünen Hering auf, nahm ihn aus, wusch ihn, dann wurde er leicht gesalzen und dabei der Fisch aufgeklappt. Nun spießte man die Heringe – zu 10 oder 12 Stück – auf einen Holzstecken und ließ sie zwei Wochen lang an Luft und Sonne unter der Traufe des Hauses trocknen. Zum weiteren Ausdörren kamen die Heringe dann noch in den Rauchfang. Wogende Kornfelder prägen den Charakter der Insellandschaft. Und das sah auch schon *Grümbke* 1815 bei seinen „Streifzügen durch das Rügenland," als er schrieb, „Das Land erzeugt alle Arten des Getreides, vornehmlich Weitzen, Rocken, Gerste, Hafer, Erbsen (weiße und graue), Wicken und Buchweitzen, hie und da auch Linsen und Hirse."

Und er bemerkte: „... etwas Rübensaat und Kartoffeln in unendlicher Menge". Dieser Siegeszug der Kartoffel auch im Rügenland muß ihn sehr beschäftigt haben, denn noch in seinen die „Streifzüge" untermalenden Briefen von Rügen lesen wir:

„Und auf den Brachfeldern hat man Kartoffeln, die überhaupt in ungeheurer Menge gebauet werden, da sie eine Lieblingsspeise des geringen Mannes sind, zu pflanzen angefangen." –

Uns aber imponiert noch eine ganz andere wichtige Beobachtung und Wertung von ihm, denn „diese Ameisengeschäftigkeit, mit welcher die ganze arbeitende Bevölkerung die Äcker belebte", beeindruckte *Grümbke*.

Neben Kartoffeln standen auch verschiedene Kohlarten hoch im Kurs. Kopfkohl, in unseren Breiten seit langem eine der wichtigsten Gemüsearten, gedeiht auf Rügen aufgrund des Klimas besonders gut. Das gilt besonders für den Spätkohl, denn er benötigt nicht so hohe Temperaturen, eine möglichst lange Sonnenscheindauer und eine große Luftfeuchtigkeit. Der Rügensche Spätkohl ist besonders für die langfristige Aufbewahrung geeignet.

Die Rügensche Küche ist auch durch die schon seit Jahrhunderten bodenständige Geflügelzucht mit Gänsen, Enten, Puten und Hühnern geformt worden. *Grümbke* hebt 1815 besonders die Gänse hervor: „Unter den zahmen Vögeln verdienen die Gänse eine besondere

Erwähnung." Sie sollen auch wesentlich größer als im südlichen Deutschland gewesen sein.

Als Spickgänse waren sie bereits damals eine begehrte Delikatesse, sogar im Ausland. Wenig schmeichelhaft klingt allerdings, was *Thomas Kantzow* in seiner Chronik aus dem Jahre 1537 über Rügen behauptete: „Das Land sonst nichts Namhaftiges, allein daß es viele und große Gänse hat."

Von dem „eßbaren Federwild" auf Rügen erwähnte *Grümbke:* verschiedene Arten große und kleine Schnepfen, Krammetsvögel, Gänse, Enten, Krickenten, Rebhühner, Brachvögel und Wachteln, Amseln, Gelbdrosseln, Ammern und Stare wurden ebenfalls verzehrt.

Wer sich ob solcher Nahrung wundert, der sei auf das „Mecklenburgische Kochbuch" von *Frieda Ritzerow* verwiesen, das noch bei seinem Erscheinen im Jahre 1868 „Gebackene Küken" als Delikatesse empfahl. Und das in einem weitverbreiteten „Rathgeber für Alle, welche der Kochkunst beflissen sind, speciell für Mecklenburgische Hausfrauen und Solche, die es werden wollen."

Der Wildreichtum auf Rügen, von dem in der Überlieferung gelegentlich die Rede ist, kam nur den Feudalherren zunutze. Wie sonst würde man die Verfügungen der Herren interpretieren, daß Rügensche Bauern ihren Hunden ein Bein abhacken mußten, damit sie nicht wildern konnten ...

Von Wittow wird vermeldet, daß sich dort im Mittelalter ein großes herzogliches Hasengehege befand. *Johann Jakob Grümbke* konnte dagegen 1815 nur noch feststellen, daß die Anzahl der Hasen auf Rügen sehr dezimiert ist, Hirsche nur noch in wenigen verpachteten Flächen heimisch sind und „wilde Schweine" und Rehe gar nicht mehr im Wildbestand vorhanden sind. In der Viehhaltung hatte man sich auf Rinder und Schafe orientiert, und *Grümbke* schätzte 1815 eine nur unbedeutende Schafzucht in einigen Gebieten Rügens ein.

Im Mittelalter war das noch anders. Nach der gesamtpommerschen, auch für Rügen gültigen Ordnung von 1569 bzw. 1610, war ausdrücklich festgehalten, was mit den allerorts gehaltenen Schafen zu machen war: sie wurden geschoren, auch gemolken und aus der Schafsmilch wurde Schafsbutter sowie -käse gemacht.

Natürlich kann Rügen keinen Anspruch auf eine völlig eigenständige Küche anmelden. Der Einfluß aus Mecklenburg und Pommern ist spürbar. Und doch haben manche Mecklenburger Gerichte ihren Ursprung auf der Insel Rügen. Es sind nahrhafte und zugleich wohlschmeckende Gerichte. Die Zutaten sind verhältnismäßig einfach und entsprachen den Lebensverhältnissen der Menschen auf der damaligen Insel Rügen. Viele der traditionellen Küchenbräuche und Verzehrgewohnheiten sind überliefert worden.

Die Mönchguter Küche

Die kulturgeschichtlich am meisten beschriebene Region von Rügen ist die südöstliche Halbinsel Mönchgut. Hier haben sich mehr als anderswo auf der Insel bestimmte typische Sitten und Bräuche erhalten, z. B. die Mönchguter Tracht, die noch im vergangenen Jahrhundert getragen wurde. Auch kulinarische Besonderheiten sind hier bewahrt. Wie überall auf Rügen verzehrte man meist selbstgewonnene oder erzeugte Nahrungsgüter.

Der 1909 in Alt Reddevitz geborene *Max Besch* erinnerte sich. „Mein Vater war Fischer und Bauer, und auf den Tisch kamen daher Fisch und Selbstgeschlachtetes."

Wer keinen eigenen Hof besaß, bei dem waren die Gerichte bescheidener. Vier Mahlzeiten nahm der Mönchguter in der Regel am Tage ein. Das Frühstück bestand aus gesalzenem oder gedörrtem Fisch mit Kartoffeln. In der besonders harten Erntezeit – wo der Arbeitstag vom ersten Tageslicht bis zum Einbruch der Dunkelheit dauerte – bereicherte ein zweites Frühstück mit Speck und Wurst den Speisenzettel des Tages.

Zum Mittag gab es gewöhnlich feingeschnittenen Kohl mit Gersten- oder Buchweizengrütze und etwas Pökelfleisch. Anderes Gemüse außer Kohl war bis in das 19. Jahrhundert hinein nicht üblich, denn „Grönfauder ät wi nich" (Grünfutter essen wir nicht). Wer es sich leisten konnte, bei dem kam noch eine Grützsuppe mit Buttermilch oder Quark mit süßer Milch auf den Tisch, im Volksmund „Dick und dünn" genannt.

Zu dieser Hauptmahlzeit versammelten sich Bauernfamilie und Gesinde um den kleinen Tisch in der Döns (heizbare Stube im alten Bauernhaus). Die Kinder mußten beim Essen stehen. Alle aßen aus einer Schüssel oder von Holztellern mit Holzlöffeln, die nach dem Gebrauch sauber abgeleckt wurden, während die Männer die benutzten Messer im Stiefelschaft oder in der Hosentasche aufbewahrten, die Frauen im Brustlatz.

Es ist für Mönchgut überliefert, daß etwa bis zur Mitte des vergangenen Jahrhunderts das Mittagessen nur zweimal wöchentlich frisch gekocht wurde: In einem großen Kessel wurde eine so reichliche Mahlzeit zubereitet, daß sie meist für mehrere Tage reichte und jeweils nur aufgewärmt wurde.

Das Essen war wenig abwechslungsreich und nur der Sonntag machte eine Ausnahme. Zu Salzfleisch gab es Salzkartoffeln mit Pökel- oder Zwiebelsoße, im Frühjahr kamen auch mal Eierkuchen mit Backpflaumen auf den Tisch. Nachmittags aß man zum Kornkaffee Brot mit Butter oder Schmalz. Der geringe Landbesitz, hohe Abgaben an die Grundherren, die Ertragsarmut der Felder u. a. m. zwangen zu größter Sparsamkeit. Den Tag beschloß gegen 9 Uhr abends die „Nachtkost": Salzhering mit Pellkartoffeln und Gerstensuppe. Nur bei besonderen Anlässen wurde das Einerlei der Mittagsmahlzeiten durch einige Spezialgerichte unterbrochen.

Als der Universitätsprofessor, Pfarrer und Dichter *Kosegarten* um 1800 auf Mönchgut von

Fischern zu einem Sonntagnachmittagessen eingeladen wurde, trug man Schüsseln mit verschiedenem Fisch auf, reichte danach Brot und Butter und für die Erwachsenen Krüge mit Malz (möglicherweise Malzbier). Die Kinder bekamen Milch mit Semmelbrocken.

Den Mönchgutern sagte man schon in der Vergangenheit großen Erfindungsreichtum bei der Speisenzubereitung nach. Sie verstanden es, aus Resten schmackhafte Gerichte herzustellen. Bekannt ist ihre Brotsuppe. Aus altem, eingeweichtem Brot wurde sie mit süßem Kompott gekocht. Oder kennen Sie Kirschsuppe mit Klößen und fettem Fleisch? Auch heute noch wird dieses Gericht in Mönchguter Familien zubereitet.

Besonders reichlich wurden auf Mönchgut auch Flundern gefangen. Ihre Zubereitung und Haltbarmachung hatte einige Besonderheiten. So wurden Salzflundern (wie heute Salzhering) hergestellt oder geräucherte Flundern anschließend eingesalzen. Standen sie auf dem Speisenzettel, aß man dazu Pellkartoffeln. Die Flundern wurden dann auf die warmen Kartoffeln gelegt, so kam die Mahlzeit auf den Tisch. Natürlich wurden diese Flundern vorher einige Stunden gewässert.

Als Reiseproviant der Mönchguter Fischer war u.a. auch Salzaal üblich. Dicker Aal wurde in Salz eingelegt, zum Verzehr nur abgespült und wie Speck zu Brot gegessen. Ansonsten war diese Wegzehrung der Fischer mehr als bescheiden, denn auf den Fischerbooten gab es keine Kochstellen.

Im Gebiet von Putbus

Nächste Station unserer kulinarischen Reise in Richtung Inselkern ist das Gebiet um die ehemalige Residenzstadt Putbus, 1810 vom Fürsten *Malte von Putbus* gegründet. Es versteht sich von selbst, daß man in seinen Schlössern nicht heimatlich aß, sondern vielmehr versuchte, die klassische französische Küche einzuführen. Das Frühstück der einfachen Bauern nahm sich bescheidener aus. Milchsuppe und ein Schmalz- oder Butterbrot gehörten dazu. Standen die Kühe „trocken", so reichte es dann zu einem Schmalzbrot bzw. in unserem Jahrhundert gerade noch zur Margarine.

Auf den Mittagstisch kamen vorwiegend Eintöpfe, die auch hier über mehrere Tage für mehrere Mahlzeiten reichten. Eine Ausnahme bildete der Sonntag, dann wurde – wenn vorhanden – etwas vom selbstgeschlachteten Schwein zubereitet. Die Eintöpfe waren meist Erbsen, Bohnen oder Kartoffelsuppen, meist aus selbstangebautem Gemüse. Die Kartoffelsuppe der Rüganer wurde mit Zwiebeln, Butter und Petersilie angerichtet. Die Krönung war der Salzhering, der in Stücke geschnitten, dazu gegessen wurde. Einige Familien kochten auch Pökelfleisch mit. Kartoffelsuppe kam meist samstags auf den Tisch. Aus ihr wurde auch die „Rügener Aalsuppe" abgeleitet. Statt des Pökelfleisch kam einfach Aal in die Suppe.

Wo es nicht zum Aal reichte, der behalf sich mit anderem Fisch, zum Beispiel mit grünem Hering. Das ist dann die „Rügener Fischsuppe". Wenn es um Gemüse geht, dann hat der Kohl mit Abstand den Vorrang. Er wächst noch heute als Rot-, Weiß- und Wirsingkohl in vielen Gärten. Kam der Winter heran, aß man Grünkohl. Mit fettem Pökelfleisch von der Hausschlachtung war das oft ein Sonntagsessen.

Das Pökelfaß war ohnehin ein unentbehrlicher Gebrauchsgegenstand. Eingemauert in der Küche, diente er in Zeiten ohne elektrischen Strom und Kühlschrank dem Haltbarmachen von Fleisch. Vor dem Essen wässerte man das darin Eingesalzene, und oft ergab es den Sonntagsbraten. Manchmal wurde ein Nachtisch gereicht, bestehend aus einem Grießpudding mit geschlagenem Eiklar und Früchten, vorwiegend im Wald gesammelten. Solcher Pudding in seinen verschiedenen Abwandlungen ist übrigens typisch für die Inselküche.

Auf „Muttland" wurde seit Jahrhunderten Geflügel gehalten, vorwiegend Enten, aber auch Gänse. Nach dem Schlachten wurden diese ausgelöst und gepökelt. Aus der Brust entstand die bekannte Spickbrust. Nach ältesten Rezepten wurden die Brüste 9 Tage in eine Salzlake gelegt, genäht, in den Rauch gehängt und goldgelb geräuchert.

Zutaten für die Pökellake waren: 4 l Wasser mit 400–450 g Nitratpökelsalz und einer Prise Zukker (15–20 g) kochen. Es kann auch ein Gewürzsud (aus Lorbeerblättern, Pfefferkörnern, Senfkörnern, Piment und Knoblauch) sowie etwas Wein zugesetzt werden.

Nach dem Erkalten der Lake das Fleisch hineinlegen. Bei der Hausschlachtung entsteht seit eh und je noch eine andere wirkliche Spezialität: „Appelgriebsch" (hochdeutsch: Apfelgriebenschmalz), eine einfache, wohlschmeckende Speise, hergestellt aus durchgedrehten Gänseflomen und Rückenfett, mit Apfel und Zweibel geschmacklich abgerundet: Auf kleiner Flamme werden Flomen und Fett in einem Topf ausgebraten. Hierzu werden einige geschälte Äpfel und Zwiebeln sowie ein Strauß Thymian gegeben. Sind Äpfel und Zwiebeln braun, werden sie herausgenommen. Das Fett soll nur solange braten, bis die Grieben goldbraun sind, danach das Ganze durchseihen. Der Topf mit dem Fett wird anschließend nochmals aufgesetzt, darin werden säuerliche Apfelstückchen geschmort und mit dem Schneebesen verrührt. Die Grieben dann untermischen und die Masse in Gläser abfüllen. Zu Brot und Pellkartoffeln schmeckt „Appelgriebsch" vorzüglich.

Eine sehr alte Delikatesse sind auch gepökelte und geräucherte Gänsemagen. Zerrieben, bzw. gewolft unter Gänseschmalz gemischt, munden sie als Brotaufstrich.

In der Zeit des Schlachtens bereitete man manch ausgefallene Speise, wie Grützwurst mit Rosinen und Bratwurst oder auch Blutwurst im Darm. Das sind Speisen, die man noch heute auf Rügen gern verzehrt.

Ein ungewöhnliches Gericht war und ist das „Schwarzsauer". Enten-, Gänse- oder auch Schweineblut können für die Zubereitung verwendet werden.

Man nehme also für 4 Personen:
1/2 l Gänseblut bzw. Entenblut (hilfsweise auch Schweineblut), 450 g gemischtes Backobst, 50 g geriebenen Pfefferkuchen,

75 g Zucker, 2 Gewürznelken, 1 Eßlöffel Zitronensaft. Zur Kloßbeilage: 800 g gekochte, gepellte Kartoffeln, 175 g Mehl, 2 Eier, 1 Teelöffel Salz, ein Strich Muskat und eine Prise Zucker.

Und so wird „Schwarzsauer“ hergestellt: Das Backobst mit Wasser am Vortage einweichen. Dann mit dem Einweichwasser sowie den Gewürzen weichschmoren und den geriebenen Pfefferkuchen einrieseln lassen. Das Blut mit etwas Essig und Zitronensaft verrühren und schubweise unter das Backobst mengen. Das Ganze abschmecken und warmhalten. Unterdessen bereitet man die Klöße: Kartoffeln durchdrehen und mit den übrigen Kloßzutaten zu einem Teig kneten. Runde Klöße formen und in Salzwasser garziehen lassen. Die fertigen Klöße zusammen mit dem Schwarzsauer in einer Schüssel anrichten. Dieses Grundrezept kann entsprechend erweitert werden. Kleinfleisch von der Gans oder Ohren und Spitzbein vom Schwein eignen sich gut als kräftige Einlage. In einigen Familien werden statt Kartoffelklößen auch Mehlklöße oder Pellkartoffeln genommen. Eine Besonderheit bei der Behandlung und Haltbarmachung von Schwarzsauer gab es auf Hiddensee.[1)]

Auf Muttland wurde nicht nur gut gegessen, sondern zu Festlichkeiten auch „ein Schluck“ getrunken, und zwar vorwiegend selbst hergestellter Obstwein, bei besonderen Anlässen auch Schnaps.

---

[1] Siehe Seite 34.

Der nördliche Teil – Wittow

Wandern wir weiter auf unserer kulinarischen Reise in den Norden, zur Halbinsel Wittow. Manchen kulinarischen Trip von dieser Halbinsel erfahren wir von den Bewohnern.

Liesbeth Gau, 1902 auf Wittow geboren, lebte 79 Jahre auf Schwarbe, einem alten Gut vor Arkona. Sie kennt noch einige Gerichte, die von ihrer Mutter aus dem vorigen Jahrhundert stammen. Wir fragten sie, seit wann Wittow ein typisches Kohlanbaugebiet ist. *Frau Gau* erinnert sich an das Jahr 1935, als in ihrem Heimatort mit dem Kohlanbau begonnen wurde. Zuvor baute man dort vorwiegend Getreide, Kartoffeln sowie Futterrüben an. Hier wie überall auf der Insel war der Unterschied zwischen der Landarbeiterküche und der herrschaftlichen Küche der Gutsherren sehr groß. Es bestanden sogar noch Qualitätsunterschiede in der Ernährung bei denen, die eigenes Vieh besaßen und zu den Landarbeitern ohne eigenes Vieh.

Wie war sie auf Wittow, die „gute alte Zeit“? – Der Tag begann für den Landarbeiter auch hier mit der üblichen Mehlsuppe, aus Magermilch versteht sich. Dazu gab es Brot. Ein Landarbeiter erhielt einmal in der Woche ein 7-Pfund-

Brot, 1/2 Pfund Schmalz und 1/2 Pfund Butter. Nur im Sommer, zur Erntezeit, bekam er – ebenfalls je Woche – zusätzlich 1 Pfund Speck. Mußten die Landarbeiter aufs Feld, nahmen sie sich ein Stück Brot und Speck mit. Kamen sie mittags aufs Gut, gab es Eintopf, und den von Montag bis Sonnabend. Am Sonntag standen dann Salzkartoffeln, Soße und ein wenig fettes Fleisch auf dem Mittagstisch.
Der magere Braten war dem Gutsbesitzer vorbehalten. Der Abend endete dann für die Landarbeiter wieder mit Eintopf, dem vom Mittag aufgewärmten.

An manchen Tagen bekamen die Landarbeiter noch eine „Nachsuppe“ zum Mittagessen. Sie bestand aus Grütze, die durch eine Schrotmühle gelassen war, und Magermilch, ungesüßt. Auch bei den Deputatarbeitern, die eigenes Vieh besaßen, war in der Woche Eintopf dominierend, jedoch angereichert mit Pökelfleisch aus der eigenen Schlachtung. Sie bot Gelegenheit, für die langen Wintermonate Vorräte anzulegen. Da wurde Speck geräuchert, Schinken zubereitet und alle weiteren Fleischteile gepökelt. Als Zwiebelfleisch zubereitet, war auch fettes Fleisch recht beliebt.

Manchmal bestand die Sonntagsmittagsmahlzeit aus einem im Ofen gebratenen Stück Pökelfleisch, dazu aß man Salzkartoffeln und je nach Jahreszeit auch etwas Rotkohl. Fehlte es an der Zeit, legte man das Fleisch gleich mit in den Rotkohltopf und kochte es mit.

Den Sonntagnachmittag krönte meist ein Kuchen. Ein einfacher Hefekringel oder auch Topfkuchen waren typisch. Der Name „Topfkuchen“ hängt tatsächlich mit der Art der Zubereitung zusammen.

In einem eisernen Topf befand sich der Teig, bestehend aus Mehl, Eiern, Zucker, Fett und etwas Treibmittel. Im Kachelofen garte dann der Topf mit den Teig auf einem zweiten Rost. Man ernährte sich auf Wittow aber auch von Fisch. Die Fischer von Vitt brachten früher den Fisch in Schubkarren in die Dörfer und Siedlungen. Nach der Vorauswahl durch den Gutsbesitzer durfte an die Landarbeiter verkauft werden. Der relativ preiswerte Hering wurde in den Fangzeiten Frühjahr und Herbst in größeren Mengen gekauft und haltbar gemacht.

Das Salzen der Heringe war (und ist auch noch heute) eine individuelle Kunst. Das Grundrezept besteht aus einem Verhältnis von 10 kg Hering und zu 1 kg Salz. Nachdem der Hering gekehlt worden ist, legt man ihn in Salz. Nach 24 Stunden wird er entnommen, wieder im genannten Verhältnis eingelegt, und das Ganze entsprechend beschwert. So bildet sich eine Lake, in welcher der Fisch gart. Nach einigen Wochen kalter Lagerung ist er dann verzehrfertig und mehrere Monate lagerfähig.

Es versteht sich, daß der Hering auch für die Wittower ein Hauptnahrungsmittel war. Ob zu Pellkartoffeln, zur Kartoffelsuppe oder zu anderen Eintöpfen, stets gab es ein Stück Salzhering dazu.

Aber auch andere Fischarten spielten eine Rolle bei der Ernährung der Wittower, so z. B. – je nach Jahreszeit – Steinbutt, Flunder, Hecht oder Dorsch. Steinbutt war zu Pfingsten ein Lieblingsgericht, und blühten die Erbsen, hatte die Flunder ihre große Zeit. Im Volksmund heißt es, daß die Flunder in den Monaten ohne „R“ am besten schmeckt, der Dorsch dagegen in den Monaten mit „R“. Diese Volksweisheiten gelten noch heute.

Der Hecht war schon früher zu Festlichkeiten beliebt. Im Ganzen zubereitet bildete er oft den Auftakt zu einer Hochzeit.[1)]

Auch der Aal hatte im Leben der Fischer auf Wittow eine gewisse Dominanz. Gebraten, gekocht oder geräuchert wurde er zubereitet.

Wie variabel kann man Pökelaal zubereiten? Auf Wittow war er z. B. mit süßsaurer Soße besonders beliebt.[2)]

Eine große Rolle spielte im Leben der Wittower das Abendessen, besser gesagt die Milchsuppe. Gegessen wurde sie überall auf der Insel, aber kaum in so vielen Varianten wie hier. Bekannt ist die Kliebensuppe, im Volksmund auch „Klackerklieben" genannt. Diese kleinen Klöße werden aus Mehl und Eiern hergestellt und in gezuckerter Milch gekocht. Eine Abwandlung ist die Milchsuppe mit großen Klößen. Auch hier werden Ei und Mehl zu einem Teig vermischt und, mit einem Eßlöffel als „große" Klöße abgesteckt, ebenfalls in Milch gekocht.[2)] Waren Äpfel im Haus, wurden auch Apfelstückchen in den Teig gegeben.

Überhaupt spielten Klöße eine besondere Rolle im Leben der Rüganer. Eine einfache Variante, die fast in Vergessenheit geraten ist, sind die „grauen Klöße": Mehl, Eier und Salz sowie ein wenig Backpulver wurden zu einem Teig angesetzt und in Salzwasser als Klöße gekocht.[1)]

Mit ausgelassenem Speck und gebräunten Zwiebeln wurden sie dann serviert. Die Krönung war die Beigabe von etwas schwarzem Sirup, dann allerdings ohne Zwiebelfett.

Zu besonderen Anlässen gab es Nachtisch. Er bestand aber auch hier in erster Linie aus den verschiedenen Abwandlungen des Grießpuddings. Er ist einer der markantesten Vertreter der kulinarischen Gemeisamkeiten Rügens.

---

[1] Siehe Abschnitt „Sitten und Bräuche beim Essen und Trinken.

[2] Siehe Rezeptteil.

Hiddensee

Zum natürlichen Verband der Insel Rügen gehört die Insel Hiddensee. Unsere kulinarische Reise führt uns deshalb über das Wasser von Wittow dorthin.
So schön der Sommer ist, so hart ist oft der Winter, wenn die Verkehrsverbindung zur „Mutterinsel" nicht mehr möglich ist. Das zwang die Einwohner in der Vergangenheit, Vorsorge für den langen Winter zu treffen. Verständlich, daß sich daraus auch Verzehrgewohnheiten entwickelten, bei denen die Haltbarmachung der Lebensmittel eine besondere Rolle spielte.

Noch mehr als auf Rügen nahm auf Hiddensee der regelmäßig im Frühjahr und im Herbst gefangene Fisch eine dominierende Stellung ein. Seine Haltbarkeit erhielt er durch Sauerkochen, wofür sich besonders gut kleine Aale eigneten. Man kochte sie mit allerlei Gewürzen, schmeckte sie sehr sauer ab und schichtete sie in einen Steintopf, der mit Per-

gament zugebunden und in den Keller gestellt wurde.

Der Inhalt war viele Wochen verwendbar. Im Sommer gingen die Hiddenseer Aal stechen. Mit dem sogenannten Aaleisen konnten auch größere Aale gefangen werden. Erfolgte der Fang im Herbst, wurde der Aal für den ganze Winter eingesalzen. Das Besondere bestand darin, daß man den Aal zuerst mit Sand und ein Stück Holz reinigte. Nach dem Ausnehmen wurde der Aal mit Salz in Fässer gelegt und oft ein ganzes Jahr konserviert. Vor der Verwendung erfolgte dann ein 24-stündiges Wässern.

Ein beliebtes Gericht war Salzaal mit Senfsoße, wobei der Senf selbst im Mörser frisch gemahlen wurde. Das gab der Soße einen besonders pikanten Geschmack.[1] Eine weitere Hiddenseer Spezialität war . Wie Gulasch zubereitet, hat er auch heute noch viele Liebhaber.[1]
Die Aalsuppe ist weit über die Hiddenseer Grenzen hinaus bekannt geworden.

Besonders liebevoll bereitet man auf der Insel Fischsud zu; Zwiebel und Petersilienwurzeln waren neben Salz die Zutaten. Sie wurden immer erst gekocht, dann ließ man den Fisch darin garziehen. (Der Autor hat diese Zubereitungsart ausprobiert, es schmeckt wirklich ausgezeichnet). Das Geheimnis besteht darin, daß der Geschmack der Fische in diesem Sud nicht verfälscht wird.

Natürlich aß man auf Hiddensee nicht nur Fisch, obwohl er noch heute häufig auf dem Speisenzettel der Bewohner steht. Auf der Insel wächst wenig Gemüse. Die Bodenverhältnisse lassen es nicht anders zu. So wurde Gemüse von der Insel Rügen gekauft und in den Kellern eingelagert, z. B. eingesandet. Die Breite des Sortiments war dadurch begrenzt. In den Wintermonaten dominierte die Wruke, die man zu Eintopf oder zu Gemüse verarbeitet verzehrte.[1]
Wichtig im Leben der Bevölkerung war die Hausschlachtung im Herbst. Wer es sich leisten konnte, der schlachtete, und dann ging es ans Pökeln; auch Speck, Schinken und Lungwurst stellte man selbst her. Und nicht zu vergessen: Schmalz, das besonders gern zum Frühstück verzehrt wurde.

Wie auf Rügen kannte man auch auf Hiddensee Schwarzsauer. Da nur einmal im Jahr geschlachtet wurde, konnte man eigentlich nur zu diesem Zeitpunkt Schwarzsauer essen, aber wie das Sprichwort sagt: Not macht erfinderisch – so wurde auch dieses Gericht haltbar gemacht. Am Schlachttag wurde zunächst das notwendige Fleisch aussortiert. Vor allem geeignet sind Bauch, Rippen, die Ohren, „Schnut und Poten" und als Krönung der Schweineschwanz. Dieses Fleisch wurde mit Salz und einigen Gewürzen, wie Piment, Salz, Zwiebeln und Zucker gekocht. Währenddessen verrührte man 1/2 l Blut mit 1 l Essig. Wenn das Fleisch gar war, wurde es in diesen Fond gelegt, danach gut sauer abgeschmeckt, alles in einen Steintopf gefüllt und in den Keller gestellt. Wollte man Schwarzsauer essen, wurde ein Teil entnommen, aufgekocht und mit Zucker abgeschmeckt. Gekochte Backpflaumen vervollständigten das Gericht.
Die Beilage bestand aus Pellkartoffeln oder Kartoffelklößen. So wurde das Schweinefleisch vollständig und sehr abwechslungsreich haltbar gemacht. Wer von den Familien eine Kuh besaß, stellte Butter für den Eigenbedarf her. Auch für die abendliche Milchsuppe diente die Milch. Ein bescheidener Kartoffelanbau im Bereich des Ortes Kloster ermöglichte, das Abendbrot durch Bratkartoffeln zu komplettieren.

---

1 Siehe Rezeptteil.

In diesen Verzehrgewohnheiten unterschied sich also die kleine Insel kaum von ihrer großen Schwester.

Auf Hiddensee hat man übrigens bis in unser Jahrhundert hinein Brot selbst gebacken. Einige Familien hatten sich zusammengetan und einen großen Backofen gebaut. Einmal in der Woche war der vereinbarte Backtag, an dem nicht nur Brot, sondern zu bestimmten Jahreszeiten auch Kuchen gebacken wurde.

Eine kleine Kuriosität ist die Herstellung des Stollens. Wenn auch kein Nachweis über die Geschichte des Hiddenseer Stollens existiert, so ist er in jedem Fall schon über Generationen bekannt. Die Zutaten richteten sich nach den finanziellen Möglichkeiten. Die Besonderheit besteht darin, daß dieser Stollen bis Ostern reichte. Auch viele „Blechkuchen", z.B. Streuselkuchen oder Napfkuchen, wurden gern gegessen. Plötzlichen Besuch bewirtete man oft mit einfachen Plinsen. Aus Mehl, Zukker und Milch; in Schmalz gebacken, waren sie schnell zubereitet.

Ein Beispiel für unterschiedliche Verzehrgewohnheiten zwischen Rügen und Hiddensee ist der Nachtisch. Wie auf Rügen ist der Grießpudding auch auf Hiddensee beliebt. Da auf Hiddensee aber kaum Früchte wachsen (außer z.B. Holunder und Brombeeren), gab es diesen Nachtisch nicht wie auf Rügen als rote Grütze, sondern meist als Grießpudding mit Ei. Aus den gesammelten Holunder- bzw. Brombeeren wurde Saft zum Pudding bereitet.

Der südliche Teil – Zudar

Einige Meilen südlich von Hiddensee, an der alten Hansestadt Stralsund vorbei, gelangt man zum Südteil der Insel, nach Zudar. Wohl kaum eine andere Region Rügens hat ihre Natürlichkeit so rein bewahrt.
Schon *Ernst Moritz Arndt*, der in Groß Schoritz am Eingang zur Halbinsel Zudar geboren wurde, hat in seinen Gedichten die einmalige Landschaft beschrieben.

Als besonderer Brauch hatte sich der Johannimarkt am 24. Juni in Garz, der in dieser Region ältesten Stadt, herausgebildet. Drei Tage lang ging es in der Stadt hoch her. Handwerker, Bauern und Fischer boten ihre Waren an. Buden, Karussells und andere Volksbelustigungen sorgten für Unterhaltung.

Ein großer Teil der Bevölkerung von Zudar lebte von der Fischerei. Schon im Mittelalter schlossen sich die Zudaer Fischer zu sogenannten Kompanien (Reusenkompanien) zusammen, um die Reusen gemeinsam zu nutzen. Überhaupt ist die Reusenfischerei in den Küstengewässern von Rügen recht verbreitet. Besondere Bedeutung kam dem Heringsfang zu, der überwiegend dem Eigenverbrauch diente. Seit dem Einsatz von Baumwollnetzen konnten ebenso Barsch und Hecht gefangen werden.

Da auch auf Zudar im Verlaufe des Jahres in der jeweiligen Fischfangsaison nur begrenzt gefischt werden konnte, betrieben die dort wohnenden Menschen nebenher Viehwirtschaft. Die Haltung von Gänsen, Schweinen und manchmal einer Kuh war ein zusätzlicher Broterwerb. Mit einem Stück Ackerland wurde für das notwendige Futter gesorgt.
Diese Lebensweise prägte auch die kulinarischen Gepflogenheiten. Sie unterschieden sich zwar nicht wesentlich von denen in den anderen Teilen der Insel, doch sind Eigenheiten festzustellen.

Viele Nahrungsmittel wurden haltbar gemacht. Salzen, Pökeln und Räuchern waren die am meisten angewandten Methoden. Trotz des umfangreichen Heringsfangs auf Zudar holte man sich den Herbsthering für die Winterbevorratung von Mönchgut, dort war er fetter und besser haltbar zu machen. Außer sonntags fehlte der Hering kaum bei der täglichen Mittagsmahlzeit, die aus Pellkartoffeln und Schusterstippe[1)] bestand. Oft standen diese drei Dinge zum Abendessen wieder auf dem Tisch, gelegentlich auch mal Bratkortoffeln aus den übrig gebliebenen Pellkartoffeln.

Wer eine Kuh besaß, der konnte sich auch eine Milchsuppe leisten, vorwiegend „Klütsuppe“, auch „Klackerklieben“ [1)] genannt. Wo man auf Selbstgeschlachtetes zurückgreifen konnte, aß man zum Frühstück ein Stück Brot mit einem „Finger“ Speck. Das Brot wurde übrigens auch – wie auf Hiddensee – im gemeinsamen Backofen selbst gebacken. Das Besondere war: Dieses Rundbrot wurde mit Kümmel gebacken und war dadurch gut verdaulich. Zum Frühstück war es nicht üblich, Milchsuppe zu essen.

Wie gestaltete sich nun das Sonntagsessen? In den Haushalten mit Hausschlachtung aß man mittags Pökelfleisch und abends Brot mit Räucherwurst. Selten gab es Geflügel. Es wurde zwar gehalten, aber meist lebend verkauft und verbesserte ein wenig die Haushaltskasse.

Zu einem besonderen Höhepunkt gestaltete sich stets das Schlachten, in der Regel ein bis zwei Wochen vor Weihnachten. So ein typisches Schlachtfestessen bestand aus Wellfleisch[1)], Brot, Senf und einem Schnaps. Der Tag danach war ein weiterer kulinarischer Höhepunkt, denn dann wurde das Schweinefilet gegessen.

Eine Spezialität der Halbinsel waren die Tollatschen[1)]. Sie wurden für einigen Wochen im voraus hergestellt, dann in Scheiben geschnitten und in Schmalz gebraten. Mit Apfel- und Zwiebelringen obenauf war es oft ein köstliches Abendbrot und eine willkommene Abwechslung.

Auch zu bestimmten Jahreszeiten hatten sich auf der Insel traditionelle Speisen eingebürgert.[2)] Am Karfreitag ißt man oft auch heute noch gekochten Hecht. Man sagt: „Wer am Karfreitag Hecht ißt, den beißen die Mücken das ganze Jahr nicht.“ Es wurde allerdings auf Zudar bisher keiner gefunden, der das bestätigt hätte.

Beachtlich war auf Zudar die Gemüseproduktion. Bedingt durch die flache Lage des Landes sind auch in trockenen Sommern am Morgen die Gärten „naß“, das heißt, die Pflanzen mit Tau behaftet. Hinzu kommt eine sehr gute Bodenklasse. Radies, Möhren, Porree und natürlich Kohl sind für den Anbau besonders

---

[1] Siehe Rezeptteil.

[2] Siehe Abschnitt „Sitten und Bräuche beim Essen und Trinken“.

geeignet. Kein Wunder, daß der frühere Gutsbesitzer *von Grabow* auf Zudar diese Vorzüge für seine Geschäfte nutzte und in den zwanziger Jahren unseres Jahrhunderts Gemüse für Berlin und Stettin produzierte. Er profitierte auch von den günstigen Bedingungen für den Kohlanbau in diesem Gebiet. Und wie überall auf der Insel kann man auch auf Zudar Wildgänse in großer Anzahl sehen.

Die Halbinsel Jasmund

Folgt man den Wildgänsen in Richtung Norden, so gelangt man zur Halbinsel Jasmund. Sie bildet mit ihrer zerklüfteten Kreideküste das Wahrzeichen der Insel Rügen. Die Stadt Sassnitz war einst die größte Industriestadt Rügens, denn hier war der Heimathafen der Fischereiflotte, hier wurden Fische verarbeitet und Sassnitz bildete mit den auf der Königslinie verkehrenden Fährschiffen einen wichtigen Brückenschlag zum schwedischen Trelleborg.

Wer könnte sich noch vorstellen, daß Sassnitz als ältester Badeort Rügens Ansprüche anmelden könnte, die Seebäder der Südostküste entscheidend geprägt zu haben? Sassnitz wurde erst 1906 zur Stadt, als sich die Ortschaften Crampas und Sassnitz zusammenschlossen. Während die Sassnitzer Einwohner vorher vom Fischfang gelebt hatten und etwas Land bestellten, Kartoffeln und Gemüse anbauten, lebten die Crampasser größtenteils vom Erlös ihrer Büdnerstellen. Sie verfügten über größere Flächen anbauwürdigen Landes. In ihren niedrigen Strohkaten mit den Lehmtennen, auf denen Schafe und Schweine gehalten wurden, fristeten die Bewohner ebenfalls ein kärgliches Dasein. Gekocht wurde am offenen Feuer. Wasserpumpen und Backöfen befanden sich zentral auf dem Marktplatz und wurden von jeder Familie genutzt.

Die Entwicklung des Fischerdorfes Sassnitz geht auf den Sommer des Jahres 1824 zurück, als die Familie des bekannten Berliner *Theologen Schleiermacher* längere Zeit in Sassnitz verweilt und den Reiz der nahen Kreideküste daheim gepriesen hatte. „Die romantische Lage des Ortes in der Bergschlucht“ wirkte damals besonders anziehend.

„Das Dorf ist so versteckt, daß man es kaum gewahrt, bevor man an den Rand der Schlucht getreten ist“, beschrieb *Ernst Boll* 1858 Sassnitz. „Die Häuser mit ihren Ställen und Dunghöfen liegen daher sehr zusammengedrängt, wodurch die Frische der Luft sehr beeinträchtigt wird; die überdies auch noch durch den Rauch, in dem Bücklinge, Flickheringe, Spickflundern und Spickaale bereitet werden, keine angenehme Zugabe erhält.“
Damit wurde bereits auf einige Verzehrgewohnheiten hingewiesen, die bis heute verbreitet sind.

Zwischen 1860 und 1890 erst verwandelte sich das Fischerdorf in einen modernen Badeort mit Gasthäusern, Hotels, Pensionen und sogenannten Logierhäusern. Das blieb nicht ohne Einfluß auf die kulinarischen Gewohnheiten der Menschen. Wie kaum anderswo auf der Insel kamen nun auch fremdländische Speisen auf den Tisch. Aber in den kleinen Pensionen verabreichte man auch weiterhin heimatliche Speisen, von denen viele bis heute begehrt sind.

Einen besonderen Stellenwert hatte der Fisch. Besonders beliebt und begehrt waren Hering, Dorsch, Flunder und Aal.

Durch die Schweinehaltung spielte auch Schweinefleisch bei der Ernährung eine Rolle. Wie überall auf Rügen wurde es auch hier für ein Jahr haltbar gemacht. Das geschah vorrangig durch Pökeln und Räuchern. In den Räucherkaten hingen Speckseiten und Schinken, die für allerlei Gerichte Verwendung fanden.

In vielem ähnelt die Küche der Halbinsel Jasmund der Wittower Küche. Parallelen in der geschichtlichen Entwicklung führten auch zu kulinarischen Gemeinsamkeiten.

Sitten und Bräuche beim Essen und Trinken

Spärlich sind die Berichte über die rügenschen Sitten und Bräuche – einschließlich der Verzehrgewohnheiten – vergangener Jahrhunderte. Allerdings hat die sprichwörtliche Rükkständigkeit Mecklenburgs auf ökonomischem, sozialem und kulturellem Gebiet, die auf Rügen und Hiddensee besonders gravierend war, mit dazu beigetragen, das Brauchtum zum Teil länger zu erhalten als in anderen deutschen Gegenden.

Manche Bräuche haben wohl auch aufgrund der relativen Abgeschiedenheit durch die Insellage länger Bestand gehabt als anderswo, zum Beispiel die Mönchguter Tracht, die noch im vorigen Jahrhundert getragen wurde. Auf Hiddensee war es sogar bis in unser Jahrhundert hinein unüblich, etwa von Neuendorf nach Kloster zu heiraten bzw. umgekehrt.

Auch für Mönchgut gab es solche Zeiten des erzwungenen Zurückgezogenseins, als nämlich dort das Zisterzienser-Kloster Eldena seit dem Jahre 1360 das Leben der Mönchguter entscheidend beeinflußte. Da waren die Kontakte zur immer noch heidnisch durchsetzten Außenwelt unerwünscht. Entsprechend der Vorschrift dieses Ordens, den Verkehr mit der Welt zu beschränken, setzte das Kloster diese Regel auch für die Mönchguter durch.

Alle Belange des täglichen Lebens der Klosterbauern waren über den Abt zu regeln. Diese Situation der relativen Isolierung reichte bis weit in unser Jahrhundert hinein. Andererseits haben auch äußere Einwirkungen deutlich sichtbare Spuren hinterlassen.

So waren Rügen und Hiddensee oftmals Landeplatz und Besetzungsgebiet fremder Truppen. Auf diesem Wege wird auch manches Brauchtum verloren gegangen oder Veränderungen unterlegen sein.

Die Männer, die sich als Fahrensleute auf den Weltmeeren verdingten, brachten nicht nur manches Souvenir in die Inselheimat mit, sondern auch fremdes Gedankengut, das ebenfalls auf Sitten und Gebräuche einwirkte, bzw. manches Brauchtum in Vergessenheit geriet.

Eine wesentliche Ursache der oben erwähnten Rückständigkeit lag in den Eigentumsverhältnissen begründet. Es hatte sich, wie im Kapitel über die Leibeigenschaft dargestellt, im feudalen Zeitalter am Ausgang des 16. Jahrhunderts Junkertum und Großgrundbesitz derartig auf Rügen entwickelt, daß zuvor als blühende Bauerndörfer und Fischersiedlungen bekannte Orte nur noch als „Wüstungen“ ausgewiesen wurden. Großgrundbesitzer und Kirche forderten hohe Tribute.

Erst nach dem Wiener Kongreß, mit dem die schwedische Herrschaft auf Rügen beendet wurde, kam es zu Veränderungen. Mit kühnen Ideen wirkte Fürst Malte von Putbus auf den wirtschaftlichen Aufschwung Rügens ein, was auch dazu beitrug, daß sich die Lebensverhältnisse der Fischer und Bauern etwas verbesserten. Nachdem sein Schloß in Putbus dem Zeitverständnis des „Arbeiter- und Bauernstaates“ 1959 zum Opfer fiel und abgerissen wurde, das Denkmal im Park überdauerte diese letzten 40 Jahre deutscher Geschichte.

Um seinen 1940 auf 18.000 ha bezifferten Grundbesitz zerfleischen sich heute skrupellose Advokaten um fetteste Brocken. –

Den Bewohnern der Inseln Rügen und Hiddensee wird zwar nachgesagt, sei seien wortkarg und etwas verschlossen, aber ihre Feste und Feiertage begingen sie ausgelassen. Ernst Moritz Arndt schrieb in seinen Jugenderinnerungen:

> *„Bei alltäglichen Gelegenheiten ging es alltäglich her, aber bei festlichen Gelegenheiten, Feierschmäusen, Hochzeiten usw., was waren das für Anstalten und Zurichtungen auch bei solch kleinen Leuten, als die Meinigen waren.“*

Um der Nachwelt die Erinnerung an die lebensvollen und farbenprächtigen Bilder alter Hochzeitsbräuche zu erhalten, sei ein solches Fest auf der Halbsinsel Mönchgut aus der Zeit um 1880 geschildert:

Vor etwa 100 Jahren dauerte eine Bauernhochzeit auf Mönchgut mit den Vorbereitungen in der Regel neun Tage. Sie begann damit, daß derjenige Partner des jungen Paares schon am Sonnabend vor der Feier zu dem oder der Verlobten übersiedelte, bei dem das gemeinsame Heim gegründet werden sollte. Nach dem Kirchgang von Braut und Bräutigam aß man im neuen Heim des jungen Paares bereits Mittag.

Am Montag stand das Schlachten auf dem Programm. Bei der Hochzeit wohlhabenderer Bauern schlachtete man ein Schwein, ein Rind und mehrere Schafe. Am Dienstag wurde das Hochzeitsbrot gebacken. Mit Anis und Kümmel gewürzt, war es von besserer Beschaffenheit als das tägliche Brot.

Der Mittwoch begann mit der Einladung der Gäste durch die Hochzeitsbitterin.
An diesem Einladungstag trafen sich die geladenen Fischer im Hochzeitshaus. Sie sollten die zum Hochzeitsmahl benötigten Fische fangen. Bevor sie auszogen, wurden sie gut verpflegt und bekamen Speisen und Getränke für einen ganzen Tag mit auf den Weg.

Am Nachmittag schmückten die geladenen jungen Mädchen das Hochzeitshaus. Abends kamen die Fischer vom Fang zurück und brachten neben Fisch auch – dank der alkoholischen Getränke – fidele Hochzeitsstimmung mit, sodaß bis zum nächsten Morgen bei Essen und Trinken durchgefeiert wurde.

Recht prosaisch verlief am Donnerstag der Polterabend. Erst in späterer Zeit hielt das sogenannte Polterabendgedicht seinen Einzug.

Freitag war der eigentliche Hochzeitstag. Um 10 Uhr kamen die Musikanten. Jeder Gast wurde mit einem Tusch und einem Gläschen Branntwein empfangen. Letzteres besorgten die beiden Außenschenker. Es waren zwei trinkfeste Burschen, und sie mußten es wohl auch sein, denn bevoder Gast den Schnaps annahm, forderte er den Schenker auf, vorzutrinken. Weigerten sie sich, so hieß es: „Ne, dat mütten ji, ji könn'n mi sünst jo vergiften!“ Diese Zeremonie wiederholte sich natürlich häufig, denn zu einer kleineren Hochzeit sollen etwa 120 Personen, zu einer größeren 300 Personen geladen worden sein.

Vor der Trauung tranken Brautleute, Brautmädchen und die Frauen, die den Hochzeitsschmuck genäht hatten, zusammen Kaffee. Dann wurde das Brautpaar mit Musik abgeholt. Im Hochzeitshaus hatten sich inwischen die Gäste versammelt und gratulierten dem eintretenden Brautpaar mit den Worten

„Ick wünsch di ok väl Glück in dinen Ehestand!“ Danach wurde gesungen.

In der Zwischenzeit hatten die „Buten- und Binnenschenkers“ so sehr ihre Schuldigkeit getan, daß die ganze Hochzeitsgesellschaft in ziemlicher Stimmung war. Bevor sich der Hochzeitszug aufstellte, kamen die Eltern der Brautleute, um sich von ihnen zu „trennen“. Das war im übrigen der einzige Zeitpunkt zu dem sich ein Mönchguter Brautpaar öffentlich küßte. Danach formierte sich der Brautzug und es ging in ausgelassener, fröhlicher Stimmung zur Trauung in die Kirche. Handelte es sich bei der Braut um eine Jungfrau, eine sogenannte „blanke Braut“, erfolgte der Umzug mit großem Glockengeläut.

Nach der Trauung ging es noch ausgelassener wieder in Richtung Hochzeitshaus, und zwar zum Essen und Tanzen in die Scheunendiele. Hatten sich alle Gäste versammelt, wurde das Brautpaar mit Musik abgeholt. Übrigens hatte jeder ortsansässige Hochzeitsgast sein eigenes Besteck. Es bestand aus einem Taschenmesser und einem Löffel, der im Knopfloch hing.

Das Mittagsmahl begann gewöhnlich mit Butter und Brot, bei dessen Verabreichung die Branntweinflasche von Hand zu Hand ging. Dann kam das Hauptgericht. Es bestand in der Regel aus einem großen Braten mit Backpflaumen. Als Nachspeise wurde Reis mit Zimt gereicht. Dazu trank man Schwachbier.

In jüngster Zeit änderten sich die Verzehrgewohnheiten allmählich. Auf Mönchgut kam als Vorgericht noch ein gekochter Hecht mit Petersiliensoße und Salzkartoffeln auf die Hochzeitstafel. Reis als Nachtisch wurde bereits durch Schokoladenpudding abgelöst. Diese heute noch gebräuchliche Speisenfolge unterscheidet sich von allen anderen Gebieten der Insel beträchtlich, mit Ausnahme der Halbinsel Zudar.

Auch dort gab es zunächst Hecht, aber statt Soße zerlassene Butter. Den Hauptgang bildete gemischter Braten.

Eine Besonderheit bestand auf Zudar noch beim Hochzeitstermin. Er wurde in der Regel auf das Frühjahr gelegt, denn nur in dieser Zeit wurde Geld verdient und eine Hochzeit finanziell erschwinglich.

Andere Verzehrgewohnheiten hatten sich im Herzen der Insel, im Gebiet um Putbus entwickelt. Aufgrund der günstigen Lage zu den Boddengewässern spielte (auch heute noch) der Fisch eine besondere Rolle. Der Hochzeitsschmaus begann mit einer Aalsuppe. Danach wurde gekochter Aal mit weißer Soße serviert. Der Hauptgang setzte sich aus verschiedenen Braten zusammen. Fand die Hochzeit im Herbst, bzw. im Winter statt, wurde auch Entenbraten als Hochzeitsgericht gewählt. Auch hier rundete seit langem Pudding als Nachtisch das Hochzeitsmahl ab.

Das klassische Hochzeitsmenü auf Wittow sah wie folgt aus:

- Hühnersuppe
- Ganzer Hecht mit brauner Butter und Salzkartoffeln
- Schweinebraten (frisch geschlachtet)
- Grießpudding – rote Grütze

Beim Hecht handelte es sich um mindestens einen Zehnpfünder aus Breege. In dieser Gegend galten als typische Hochzeitskuchen: Hefekringel und Topfkuchen.

Bei allen Unterschieden der Feiertagsbräuche in den einzelnen Gebieten der Insel war eines gemeinsam: Trotz der allgemeinen Armut wurde die Hochzeit stets zu einem großen, einmaligen Erlebnis gestaltet.

Auf der Halbinsel Mönchgut gab es weitere Besonderheiten bei der Hochzeit. So gingen die Außenschenker während des Essens mit einem geschmückten Teil eines Kuhschwanzes, der in einer mit Kartoffeln gefüllten Schale aufgestellt war, unter Gejuchze und Gejohle von Gast zu Gast. Mit diesem „Köökschenteller" sammelte man für die Köchinnen, und jeder Gast steckte eine Münze in die Kartoffeln.

Im Verlaufe des Mittagsmahles kam bald der zweite „Köökschenteller", auf dem ein Stück glimmende Leinwand lag und fürchterlich stank. Die Schenker riefen nun in die Gesellschaft hinein:

> „De Kööksch hat dat Hemd verbrennt!" Und unter lebhaftem Gelächter ertönte die Antwort: „Denn mütt se en niges hebb'n!" – Wieder wurde gesammelt, auch für die Musikanten mit einem Teller, den ein Notenblatt und ein Stück Kolophonium schmückten.

Nach diesen Zeremonien ging man zum Tanz über. Schwieg die Musik, unterhielt man sich mit Wechselgesängen. Ein überlieferter Wechselgesang lautet:

„Stenz: Was hast Du zum Frühstück bekommen?
Hese: Gebratenen Aal.
Stenz: Wie sah der Aal aus?
Hese: Blank.
Stenz: Wie machte er denn?
Hese: Sch, sch.
Stenz: O Du Narr, Du Narr, das is ne Schlang gewesen, darum ist sie auch so blank gewesen!
Refrain: (von allen gesungen): O Du Narr, Du Narr, Du kennst die Schlange nicht!
Stenz: Was hast Du zum Mittag bekommen?
Hese: Eine gebratene Taube.
Stenz: Wies sah die Taube aus?
Hese: Schwarz.
Stenz: Was machte die Taube?
Hese: Krah, krah!
Stenz: O Du Narr, Du Narr, das ist 'ne Krähe gewesen, darum ist sie auch so schwarz gewesen!
Refrain: O Du Narr, Du Narr, die kennst die Krähe nicht!
Stenz: Was hast Du zum Abendbrot bekommen?
Hese: Gebratenen Hasen.
Stenz: Wie sah der Hase aus?
Hese: Grau.
Stenz: Wie sagt er denn?
Hese: Miau, miau.
Stenz: O Du Narr, Du Narr, das ist 'ne Katz gewesen, darum ist sie auch so grau gewesen!
Refrain: O Narr, Du Narr, Du kennst die Katze nicht!"

Nach 20 Uhr trank man Kaffee in Etappen. Da das Geschirr nicht für alle Hochzeitsgäste reichte und der Tanz nicht unterbrochen werden sollte.

Nachts um 1 Uhr servierte man für alle Gäste noch einmal gekochten Fisch, und wenn sich das Brautpaar dann zurückzog, ging die Feier weiter. Man tanzte, mancher wurde „dun" und wieder nüchtern. Auch nicht geladene Einwohner waren inzwischen zum Fest erschienen. Gegen 6 Uhr früh des folgenden Tages wurden belegte Brote und Grog angeboten.

Vormittags gegen 10 Uhr mischte sich das Brautpaar wieder unter die Festtagsgäste. Die Braut trug nun die Mönchguter „Junge-Frauen-Mütze" auf dem Kopf.

Nach dem Morgenkaffee begaben sich die Hochzeitsgäste erneut auf den Tanzplatz. Dort wurde als kleine Zwischenmahlzeit Zwieback und Kirschbranntwein gereicht. Nach einem langen Walzer kamen die sogenannten bunten Tänze an die Reihe, und zwar Volkstänze, wie: „Viertouriger", „Vadder Michel", „Dunkelschatten", „Schüddel de Büx", „Kegeltanz", „Schwedische Quadrille", „Webertanz", „Cassel jane", „Rose", „Mufferine", „Schleifertanz", „Katt un Mus", „Tobaksröher" und „Rostocker". Zu diesen Tanzen wurden wieder Wechselgesänge gesungen.

Nachmittag um 15 Uhr gab es Mittagessen, in vergangener Zeit Klöße mit Pflaumen und Rindfleisch:
Auf den Klößen lag eine Schicht Pflaumen, darauf folgten Klöße, Pflaumen, Klöße und immer so weiter. Dieses traditionelle Gericht erhielt nach seiner Anrichteweise den Namen „Hümpel up".

In weniger bemittelten Familien gab es an der Stelle dieses Gerichtes Kartoffeln mit „Drüschelhiring" (ausgewässerten Salzhering) und Birnensaft. Gegen 17 Uhr forderte der Hausvater die Gäste zum Gehen auf: „So, nu is Fierabend, nu gaht na Hus!" Ohne diese Aufforderung ging niemand.

Im engsten Familienkreis wurde anschließend noch eine kleine Nachfeier veranstaltet. Spätestens am Montag früh ging man auseinander, hatte noch monate-, ja jahrelangen Gesprächsstoff. Bei einer solchen Hochzeit wurde durchschnittlich verbraucht: 1 großes Schwein, 2 Hammel, 1 Kuh, etwa 110 Liter Kornbranntwein, 20 Liter Rum, 35 Liter Likör und 800 Liter Bier. Auch der überlieferte Kommentar des Berichterstatters dieser geschilderten Bauernhochzeit soll nicht vorenthalten werden:

„Je, ja, je, ja, – wenn de Mönchgaudschen in'n Gang'n gahn!"

Auch auf Hiddensee soll ein Hochzeitsmahl sehr üppig ausgefallen sein. Noch um die Jahrhundertwende gehörte auf Hiddensee der Hochzeitsbitter zum Zeremoniell. Er ging oder tanzte mit dem „Hochtidspird" – einem mit Blumen geschmückten Stab – in die Häuser, um die Gäste einzuladen. Die Feierlichkeiten begannen am Donnerstag mit dem Polterabend, denn die Hochzeit mußte am Freitag sein, wohl ein sehr alter Brauch, der möglicherweise damit zusammenhängt, daß dieser Tag der altgermanischen Schutzgöttin der Ehe, Freya, heilig war.

Nach der Trauung ging es zum Mittagessen. Folgende Speisenfolge soll um die Jahrhundertwende auf Hiddensee noch allgemein üblich gewesen sein:
Zunächst gab es auch hier Hühnersuppe. Die Fischer hatten 2 bis 3 Tage vor der Hochzeit für einen 10–20 Pfund schweren Hecht gesorgt. Er wurde in Stücke geschnitten, gekocht und mit Petersiliensoße und Salzkartoffeln als zweiter Gang gereicht. Als Fleischgang kamen Kalbs- oder Schweinebraten mit Rotkohl, Mischgemüse und Salzkartoffeln auf den Tisch.

Etwas Besonderes war das selbstgezogene Kalb, das auf den salzigen Wiesen der Insel besonders gut gedeiht. Als Braten bildete Kalbfleisch einen Höhepunkt des Festessens. Zum Nachtisch reichte man Grießpudding und besonders gern Zitronencrem.

Am Hochzeitstag wurde bis in die Nacht getanzt, gesungen und getrunken, und zwar Bier und Schnaps, und die Frauen und Mädchen erhielten einen „Süßen" (Likör). War der Sonnabend dann in aller Ruhe vergangen, gab es nach dem sonntäglichen Kirchgang des Brautpaares noch einen ausgelassenen Festausklang, zu dem – wie man sich erzählte – in den „guten alten Zeiten" unwahrscheinliche Mengen gegessen und getrunken worden sein sollen.

Nun noch eine Kostprobe eines 200 Jahre alten sogenannten Leberreimes, wie er von den männlichen oder auch weiblichen Hochzeitsgästen aufgesagt wurde:

„Die Lewer ist von eenen Häkt,
Un nich von eener Otter.
Ich wollte wünschen,
Daß alle Berge wären Botter
Und alle Gründe Grütz',
Käm dann ein warmer Sonnenschein
Und lief dann alle Butter in die Grütz hinein,
Was würde das für ein delikates Essen
sein ..."

Aus der Literatur ist uns noch ein alter Hochzeitsbrauch der Jasmunder und Wittower aus der Zeit um 1800 überliefert. Es handelte sich um das „Bruutfatt" (Brautfaß), das der Braut, bzw. Braut und Bräutigam überreicht wurde. Gestaltet war es von den Freundinnen der Braut als Krone oder – wenn der künftige Ehemann Seefahrer war – in Form eines Schiffes. Das Brautfaß bestand aus Tonnenreifen, steifem Papier und Blumengirlanden und wurde angefüllt mit Äpfeln, Nüssen, Rosinen u.a.

Es wurde während des Hochzeitsessens, begleitet von einem langen Gedicht, überreicht. Unter anderem hieß es darin:

„... Wir hoffen, über's Jahr von unserer
Jungfrau Braut die Frucht zu sehn.
Die Äpfel und die Nüsse, die seind fein,
Die seind gepflücket von den Bäum',
Die können sich kochen zu Maus ...
Was wünsche ich unser Jungfrau Braut
voraus?..."

Dieser Brauch des Brautfasses wird also als Symbol der Fruchtbarkeit gedeutet.

Feiertage und ihre Bräuche

Zu **Weihnachten** kannte man auf Rügen und Hiddensee bis Ende des vergangenen Jahrhunderts noch keinen Weihnachtsbaum bzw. Weihnachtsmann; aber ein „Rumbräkker" ging um mit Rute und Pfeffernußbeutel und – vielleicht ein Überbleibsel aus der sog. Schwedenzeit –, man kannte das Julklapp. Bis um 1920 schmückte man den Richtenbaum (Tannenbaum) nur mit aufgezogenen Pfeffernüssen. Die Bäcker stellten als Baumschmuck farbige Teigfiguren her.

Nach Hiddensee kam der Weihnachtsmann erst, seit es feste Schiffsverbindungen mit Rügen und Stralsund gibt.

Im 19. Jahrhundert hing zum Weihnachtsfest stets ein großer Mistelzweig über der Tür. Er berechtigte nach altem Brauch dazu, jede Frau, die darunter hindurchging, ungestraft zu küssen. Und das soll heute noch bei einigen Familien so sein. An Stelle eines Weihnachtsbaumes steht in manchem Haus der traditionelle Hiddenseer Bügelbaum, der in Ermangelung echter Nadelbäume in Form einer Pyramide aus Rundholzstäben hergestellt und geschmückt wurde.

Andere Familien holen sich ihren Weihnachtsbaum einfach selbst aus dem Revier. Ja, auf Hiddensee ist das ausnahmsweise erlaubt, nämlich in der naturgeschützten Heide zwischen der „Heiderose" und dem Ort Neuendorf. Dort haben sich in den letzten Jahrzehnten durch Flugsamen neben Birken auch Kiefern angesiedelt, die aber die Heide zu zerstören drohen.

Und was wurde nun Weihnachten gegessen? Im zentralen Inselgebiet um Putbus war und ist Genickbraten (Schweinekamm) ein traditionelles Gericht. Er wurde früher aus der eigenen Dezemberschlachtung extra für Weihnachten aufbewahrt. Rotkohl und Salzkartoffeln sind die typischen Beilagen, der Nachtisch bestand aus Grießpudding mit Früchten. Ähnlich war es auf Mönchgut und der Halbinsel Zudar.

Auf Hiddensee bevorzugte man ebenfalls Genickbraten mit Rotkohl und Salzkartoffeln. Eine Besonderheit bot das Frühstück: Schmoraal mit Brot, eine Reverenz an die Fischer und Seeleute, die nach einem langen und meist entbehrungsreichen Jahr Weihnachten zu Hause waren.

Auf der Halbinsel Wittow kam Weihnachtsgeflügel auf den Tisch. Die Gans, gefüllt mit Gehacktem, dazu ebenfalls Rotkohl und Salzkartoffeln, war schon lange ein beliebtes Weihnachtsgericht. Aber auch eine Ente kam in Betracht, gefüllt mit Backobst. Der unvermeidliche Grießpudding komplettierte das Mahl.

Bei der Weihnachtsbäckerei zeigen sich ebenfalls einige Unterschiede in den einzelnen Inselregionen. Einheitlich war die Pfefferkuchenbäckerei. Auf Hiddensee hat der Stollen eine führende Stellung. Er wird, wie bereits erwähnt, so gebacken, daß er in der Regel bis Ostern gegessen werden kann. Auch auf Zudar ist das so. Jedoch spielt dort ebenfalls der Streuselkuchen eine Rolle. Auf Wittow, Mönchgut und im Inselkern buk man vorwiegend

einen großen Hefekringel, der zu Weihnachten etwas mehr Rosinen und Mandeln enthielt.

In bezug auf den **Jahreswechsel** sind wenige traditionelle Verzehrsgewohnheiten bekannt. Eine ist die Zubereitung von Glühwein.
Es wird behauptet, daß er als Punsch – im Zusammenhang mit der Zugehörigkeit der Insel zu Schweden – nach Rügen kam. Bei den Fischern spielte der Punsch aber noch eine andere Rolle. Er wurde um Mitternacht an die Boote gespritzt und sollte für das kommende Jahr Glück bringen.

Schmalzgebackenes in Form von Pfannkuchen oder Schürzkuchen rundet den Silvesterabend ab.

Es ist überliefert, daß zu **Neujahr** auf Rügen stets gebacken wurde. Daran knüpfte sich der Aberglaube, dann genug Vorräte für das Jahr zu haben. Gebacken wurden Tollatschen, das sind Kuchen, die mit Apfelmus, Pflaumen und Rosinen gefüllt sind.[1]

Auch zu **Ostern** und **Pfingsten** haben sich einige Bräuche erhalten. So ißt man am Karfreitag besonders gern Hecht. Im Original nennt man das Gericht „Häkt mit witte Soß".
Hier die Originalrezeptur von Frau *Haase* aus Alt Reddevitz:

> De Häkt ward mit Solt un bäten Wördewark (Porree, Zwiebeln, Möhren und Petersilienwurzel) kocht. Dann ward de Schwitz mit dat Fischwoder awlöscht. Toletzt kümmt een Stück Borrer an un gehackte Petersill. Dor hürn Solttüffeln tau."[1)]

Ostersonntag gibt es dann überall Braten. Meist besteht er aus Schweine- und Rindfleisch. Streuselkuchen und Hefekringel sind auch zu Ostern als Gebäck beliebt. Bei den Rügener Bäckern, aber auch in vielen Familien wurden zu Ostern sog. Osterwölfe gebacken. Dieses „Wolfsgebäck" scheint ein sehr alter Brauch gewesen zu sein, denn im Tagebuch eines Bürgermeisters vom 31. Dezember 1559 heißt es u.a.:

> „... der Losbäcker Matz sendet mir einen groten Wolff tom nien Jar ... "

Drei Jahre später notiert er:

> „Die Bäckerfrau Wakemann sendet mir 3 Wolve thom nien Jahr ... " Der „Wolf" wird als ein länglich rundes Feingebäck beschrieben, das durch zwei aufgelegte Teigquerstreifen und hineingedrückte Löcher einen Wolf nachbilden soll.

Bis in die heutige Zeit hat sich auch einiger Aberglaube erhalten. Der wohl bekannteste ist, daß man am Ostersonntag auf nüchternen Magen einen Apfel essen soll, dann bleibt man das ganze Jahr gesund.

Natürlich bringt auch auf Rügen der „Osterhase" bunte Eier. Mit Zwiebelschalen, Rotkohlblättern und Tee erhielten sie ihre Farbe. Zu Pfingsten spielte wieder Fisch eine besondere Rolle. Je nachdem, ob Pfingsten früh oder spät im Kalenderjahr fiel, wurde die Sorte ausgewählt. Beliebt waren Steinbutt und Aal. Gab es schon neue Kartoffeln, wurde der Aal gebraten. Als Kompott reicht man dazu grüne Stachelbeeren.

Vielerorts wird noch bzw. wieder eine Birke vor das Haus gestellt. Zu Pfingsten bekamen früher vor allem die Kinder kleine Geschenke. Das waren meistens einige neue Kleidungsstücke für den bevorstehenden Sommer.
Ausgedehnte Wanderungen zu Ausflugspunkten der Insel rundeten das Pfingstfest ab.

---

[1] Siehe Rezeptteil.

Es ist kein Wunder, daß sich auf Rügen gerade um die **Erntezeit**, „de Austid", eine ganze Anzahl Bräuche ranken, war sie doch ein besonders wichtiger Abschnitt im harten Alltag der rügenschen Bewohner, die in den vergangenen Jahrhunderten ihr Auskommen überwiegend als landarme Bauern, Leibeigene oder Kossaten (landlose Bauern) in der Landwirtschaft fanden. Und mit einigem Befremden liest man heute über so manchen merkwürdigen Brauch und kann daran ermessen, wie kostbar ein Stück Fleisch war, wie hoch sein Genuß bewertet wurde.

Wer z.B. das letzte Getreide abmähte, wurde der „Wolf" genannt, und wenn er auf den Hof zurückkehrte, biß er der Hausfrau oder der Wirtschafterin in den Arm und erhielt dafür ein besonderes Stück Fleisch. Und war es ein sog. Fleischtag – denn es gab auf dem Gutshof nur 3 Fleischtage in der Woche (für das Gesinde wohlgemerkt, und zwar Sonntag, Dienstag und Donnerstag) –, dann erhielt der „Wolf" zwei Stückchen Fleisch.

Von diesem Brauch wird in manch anderer Version berichtet. Und immer wieder spielt besonders im Zeitalter des Feudalismus die Abhängigkeit von der Grundherrschaft eine große Rolle. Belegen doch viele Dokumente die Rechtlosigkeit der rügenschen Bauern während der Zeit der Leibeigenschaft.

Aus *Grümbkes* Aufzeichnungen geht hervor, daß auf Rügen vielerorts noch um 1800 ein Erntefest gefeiert wurde, als „Collation " bzw. „Kollatsch" oder „Klaatsch", auch „Streichelbier" oder „Bindelgrütze" genannt.

Der Erntekranz war aus Taxus und Buchsbaum geflochten, mit Rauschgold und Bändern verziert und als Krönung noch mit vergoldeten Äpfel geschmückt.

Schmaus und Tanz sowie das Überreichen des Erntekranzes an den Gutsbesitzer waren Brauch:

Überliefert ist der Spruch:

„Wir verehren dem Herrn einen
Ährenkranz,
der Herr verehrt uns eine Bratgans,
'n braden Hohn
kann't ok wol dohn".

Als Festgericht, das die Grundherrschaft zu spendieren hatte, kamen aber weder Bratgans noch Brathuhn auf den Tisch, sondern Schweinefleisch mit Reis und Backpflaumen.

Thomas Kantzow weiß in seiner Chronik von 1537 zu berichten: Bei **Geburt** und **Taufe eines Kindes**, Kirchgang einer **Wöchnerin** gibt es einen „Praß", bei Beerdigungen außer dem „Schmaus" noch ein „Seelbad".

Normann hat von der **Beerdigung** eines recht wohlhabenden Bauern im Jahre 1592 in Varsnewitz berichtet, zu der gekauft worden waren: 1 Braten, Hechte, Kreude[1], 4 Pfund Butter und Bier.

Jahrhunderte zurück liegt der Brauch der Schuhmachergesellen in der Stadt Bergen, **zu Fastnacht** einen Umzug zu veranstalten. Das geschah in allerlei Verkleidungen, z.B. als Tanzbär, als Bärenführer oder als Frau. Letztere Person ging dann mit einem Deckelkorb in die Häuser und sammelte für die Beteiligten des Umzugs Lebensmittel, wie Wurst, Speck und Eier.

---

[1] plattdeutsch: Kreude, auch Kräude, vermutlich Wurst, die man bei der Herstellung nur aufwallen, nicht kochen ließ.

Noch um 1920 zogen die Kinder als Fastnachtsbitter aus und sagten z. B. folgenden Spruch auf:

„Fastelabend, Fastelabend!
Vör diese Dör
Steht de blanke König vor
Mit sinen blanken Kranz.
Disse Dal ist holl und boll,
Fief Stiegen Eier sünd dor woll;
Twee Steig in mine Kiep –
Ick bün arm, und sie sind riek.
Baben in'n Wiem'
Hängt de lange Mettwurst;
Frau, Schnieden Se god rumen ... "

Dann gab es an dieser oder jener Tür einen sog. Heetwecken (Heißwecken) für die Fastnachtsbitter, das eigentliche Fastnachtgebäck, sonst auch Wurst, Speck, Eier oder ein kleines Geldstück.

Heute kann man erfreut feststellen, es gibt kaum einen Ort auf Rügen oder Hiddensee, der nicht sein Heimatfest hat, das auch vielerorts als Erntefest begangen wird und wo wieder alte Bräuche zum Leben erweckt sind.

Und natürlich sind manche Bräuche eher rezeptionsunwürdig als -würdig, allein schon der fragwürdige Bezugspunkt zum Gutsherrn. Es geht ja auch nicht um das Konservieren des alten Brauchtums, es geht um sein Aufleben und sein sinnvolles Eingliedern in unser Leben.

So bereichern wir unsere Volkskultur, gestalten unser Leben erlebnisreicher, erzeugen Emotionen, die zu eigenem Nachdenken, zu eigener Aktivität anregen, die unser regionales Heimatbewußtsein prägen und unser Geschichtsbewußtsein formen.

Rezepte

Suppen

Rügener Kartoffelsuppe (Bild 1)

Fischsuppe Ostsee

350 g Dorsch oder ähnlicher Fisch
50 g Butter
250 g Kartoffeln, geschält und gewürfelt
1 Möhre, gewürfelt
2 Zwiebeln, gewürfelt
1 Knolle Sellerie, gewürfelt
1 Stange Porree, gewürfelt
Salz, frischer Pfeffer, Petersilie

Den Fisch in Salzwasser pochieren.
In einem größeren Topf die Butter erhitzen und darin das Gemüse andünsten. Mit Salz und frisch gemahlenem Pfeffer würzen. Den Fischfond hinzufügen und etwa 15 Minuten kochen. Den Fisch als Einlage in die Suppe geben. Sehr heiß servieren.

Gelbe-Erbsen-Suppe Tante Frieda

500 g gelbe Erbsen
500 g Rindfleisch
1 Stange Porree
1 Sellerie
3 Möhren
300 g Räucherwurst
Salz
250 g geschälte und kleingeschnittene Kartoffeln
2 Zwiebeln
1 Eßlöffel Butter

Die Erbsen waschen, über Nacht in Wasser einweichen und am nächsten Tag halbgar kochen. Aus dem Rindfleisch, dem Porree und dem Sellerie, den Möhren sowie der Wurst und dem Salz eine Suppe kochen. Danach diese zu den Erbsen geben, ebenso die Kartoffeln. Alles zusammen garkochen. Zum Schluß die in Würfel geschnittene Zwiebel in der Butter anbraten und in die fertige Suppe geben.

Hiddenseer Aalsuppe

750 g Aal
200 g Suppengrün (Möhren, Sellerie, Porree)
600 g Kartoffeln
100 g Butter

Kloßeinlage

100 g Mehl
2 Eier
1/8 l Milch,Wasser nach Bedarf

Den geputzten, gut gewaschenen Aal in kleine Stücke schneiden und mit dem zerkleinerten Suppengrün kurz in Salzwasser kochen. Anschließend den Fisch herausnehmen und warm stellen. In den Fond die geschälten und in Würfel geschnittenen Kartoffeln geben und garkochen. Danach den Fisch mit der Butter wieder hineingeben und einige Minuten ziehen lassen.

Kloßeinlage
Aus den Zutaten einen weichen Teig herstellen und in Salzwasser kochen. Dann als Einlage in die Suppe geben.

Milchsuppe mit Birnen

500 g Birnen
100 g Zucker
1 l Milch
50 g Mehl
Zitronenabrieb
1 Gewürznelke
2 Eigelb
35 g Butter
Vanillearoma

Die Birnen schälen, entkernen, vierteln und in Zuckerwasser zugedeckt weichdünsten.
Von der Milch eine Tasse voll abnehmen und darin das Mehl anrühren. Die restliche Milch zum Kochen bringen, zusammen mit den Gewürzen und einer Prise Salz beim Aufkochen mit dem angerührten Mehl abziehen und einige Minuten ziehen lassen. Danach am Herdrand mit Eigelb und Butterflocken legieren.
Die Birnen mit dem Zuckerfond in die Suppe geben und heiß servieren.

Ochsenschwanzsuppe

300 g Ochsenschwanz
20 g Schmalz
1 Zwiebel
1 Bund Suppengrün
1 1/2 l Wasser
Pfefferkörner, Piment, Nelken, Lorbeerblatt
40 g Margarine
50 g Mehl
1 Eßlöffel Zitronensaft
5 cl Rotwein
Salz, Zucker

Den Ochsenschwanz waschen, abtrocknen und in etwa 3 cm lange Stücke schneiden.
In dem heißen Schmalz gut anrösten.
Die in Scheiben geschnittene Zwiebel und das Suppengrün kurze Zeit mit erhitzen. Dann das Wasser und die Gewürze zugeben. Das Ganze so lange kochen, bis das Fleisch weich ist.
Die Suppe durch ein Sieb gießen. Das Fleisch von den Knochen lösen und in Würfel schneiden. Die Margarine erhitzen und mit dem Mehl eine dunkelbraune Schwitze herstellen. Dann mit Brühe ablöschen, aufkochen und etwa 10 Minuten ziehen lassen. Die Suppe mit dem Zitronensaft und dem Rotwein, etwas Salz und Zucker abschmecken.

Rügener Aalsuppe

750 g Aal
Salz
2 große Zwiebeln
2 Petersilienwurzeln
100 g Butter
50 g Mehl
1/4 l Milch

Den gut geputzten und gewaschenen Aal in größere Stücke schneiden. Die Petersilienwurzeln mit Zwiebelscheiben in Salzwasser kochen. Danach den Aal hineingeben und ebenfalls garkochen. Aus der Butter und dem Mehl eine helle Schwitze bereiten, mit der Milch und dem Fischsud aufgießen und gut durchkochen. Den Aal als Einlage in die Suppe geben.

Rügener Kartoffelsuppe (Bild 1)

800 g geschälte Kartoffeln in Würfeln oder Scheiben
1 l Rinderbrühe
1 Lorbeerblatt
3 Gewürzkörner
1 große Zwiebel, gewürfelt
100 g Magerspeck, gewürfelt
4 Brühwürstchen

Die Kartoffelstückchen in der Brühe etwa eine 3/4 Stunde mit den Gewürzen weichkochen und zerstampfen. Den gewürfelten Speck zusammen mit den Zwiebelwürfeln anrösten.
Dieses Gemisch in die Suppe geben, umrühren und mit Salz, Pfeffer, Zucker abschmecken.
Die Würstchen in die Suppe legen und darin heiß werden lassen. Zur heiß servierten Suppe wird oft auch Brot gegessen.

Rügener Kliebensuppe (Bild 2)
(Klackerklieben)

1 l Milch
etwas abgeriebene Zitronenschale

Für die Klieben:

100 g Mehl
2 Eier
1/2 Eßlöffel Zucker
1 Prise Salz

Die Milch mit dem Zitronenabrieb zum Kochen bringen. Währenddessen aus dem Mehl, den Eiern sowie Zucker und Salz unter Zuhilfenahme von etwas Wasser einen dicklichen Rührteig herstellen. Diesen Teig langsam in Fäden in die kochende Milch einlaufen lassen und bei mäßiger Hitze weiterkochen lassen. Sind die Klieben an die Oberfläche aufgestiegen, ist die Suppe fertig.
Klackerklieben ißt man zum Frühstück und zum Abendbrot.

Rügener Milchsuppe mit Apfelklößen

1 l Milch
4 Eßlöffel Zucker
250 g Mehl
3 Eier
2 Äpfel
Salz

Die Milch mit dem Zucker und einer Prise Salz aufkochen. In einer Schüssel aus dem Mehl, den Eiern und Apfelstückchen einen Teig herstellen, mit einem Löffel große Klöße abstechen und in die kochende Milch geben. Wenn die Klöße oben schwimmen, ist die Suppe fertig.

Süße Brotsuppe

4 Scheiben Schwarzbrot
2 Scheiben Weißbrot
30 g Butter
40 g Zucker
Zimt
1 Zitrone
Salz
2 Eßlöffel süße Sahne
2 Äpfel
30 g Rosinen

Das Brot zerkleinern und einweichen, danach durch einen Durchschlag treiben und mit etwa 1 l Wasser ansetzen. Dann die Butter, den Zukker, etwas Salz, Zimt und den Saft sowie die abgeriebene Zitronenschale hinzugeben. Die Äpfel Schälen und in Stücken in die Suppe geben. Die gewaschenen Rosinen abschließend hineingeben und das Ganze zum Kochen bringen. Als Abschluß die süße Sahne zugeben.

Wittower Erbsensuppe

600 g gelbe, ungeschälte Erbsen
500 g Pökelfleisch (ersatzweise Kaßlerbauch)
500 g geschälte Kartoffeln
100 g Möhren
100 g Sellerie
2 Bund Petersilie
Thymian

Die Erbsen und das Pökelfleisch einen Tag vorher getrennt wässern bzw. einweichen. Die Erbsen ohne Salz halbweich kochen, das Fleisch gesondert garkochen. In dem Fleischfond die kleingeschnittenen Kartoffeln und die ebenfalls zerkleinerten Möhren sowie den Sellerie weichkochen. Alles zusammen fertigkochen und das Fleisch als Einlage hineingeben.
Zum Abschluß die gehackte Petersilie zugeben und mit Thymian abschmecken.

Rügener Kliebensuppe (Bild 2)

Wittower Kartoffelsuppe

1000 g geschälte Kartoffeln
250 g Suppengrün (Sellerie, Möhren, Porree)
2 Zwiebeln
125 g Butter
3 Bund Petersilie
4 Lungwürste

Das Suppengrün mit den Zwiebeln in Streifen oder Würfel schneiden und in Salzwasser garen. Dann die in kleine Würfel geschnittenen Kartoffeln hineingeben und ebenfalls garen. Zum Abschluß die Butter und die feingehackte Petersilie hinzufügen. Die Lungwurst in der Suppe erhitzen und sehr heiß servieren.

Wrukeneintopf

350 g Schweinebauch
3/4 l Wasser
500 g Kartoffeln
1 Wruke (etwa 750 g)
Salz, Pfeffer, Thymian, Zucker

Das Fleisch waschen und in das kochende Salzwasser geben. Bei schwacher Hitze etwa 30 Minuten kochen lassen. Die Wruke und die Kartoffeln schälen, waschen und in kleine Würfel schneiden. Danach zu dem Fleisch geben und bei starker Hitze zum Kochen bringen. Bei schwacher Hitze garkochen lassen. Das Fleisch aus dem Topf nehmen und in kleine Würfel schneiden. Je nach Belieben die übrigen Zutaten leicht zerstampfen und das Fleisch wieder hinzufügen. Den Eintopf mit Salz, Pfeffer, Thymian und einer Prise Zucker abschmecken.

Rühreier mit Bücklingsfilet und Bratkartoffeln (Bild 3)

Rezepte

Eierspeisen

Räucheraal mit Rührei

200 g Aalfleisch (ohne Haut und Gräten)
4 Eier
4 Eßlöffel Milch
Salz
30 g Butter

Das Aalfleisch in etwa 5 cm lange Stücke schneiden. Eier, Milch und Salz gut verquirlen. Die Butter in einer Pfanne zerlassen, die Eiermilch hineingeben und stocken lassen. Dabei die Masse mit einem Holzlöffel strichweise vom Boden der Pfanne lösen. Das Rührei muß weich und großflockig sein. Auf einer Platte das Rührei mit den Aalstücken anrichten. Tomaten, Zitronen und Petersilie eignen sich besonders gut als Garnitur.

Rühreier mit Bücklingsfilet und Bratkartoffeln (Bild 3)

8 Eier
20 g Butter
2 Bücklinge
600 g Pellkartoffeln
80 g magerer Speck
1 große Zwiebel
Salz, Pfeffer
3/4 l Buttermilch

Die Eier in eine Schüssel schlagen und gut durchrühren, mit etwas Salz und möglichst weißem Pfeffer würzen. Die Butter in einer Stielpfanne schmelzen lassen und darin Rührei zubereiten. Währenddessen die Bücklinge enthäuten, entgräten, filetieren und beim Anrichten auf das Rührei legen. Die geschälten Pellkartoffeln in Scheiben schneiden und in Speck- sowie Zwiebelwürfeln braten. Dazu eine Tasse Buttermilch.

Rühreier mit Dill

8 Eier
Salz, Pfeffer
40 g Butter
40 g frischer, gehackter Dill

Die Eier in einer Schüssel aufschlagen und mit Salz und Pfeffer schaumig schlagen. In einer Stielpfanne die Butter erhitzen und darin die geschlagenen Eier mit einem Holzlöffel rühren. Kurz vor dem Festwerden den gehackten Dill unterziehen. Bratkartoffeln oder Brot als Beilage.

Rühreier mit Speck

8 Eier
Salz, Pfeffer
100 g Speck, feingewürfelt

Die Eier in einer Schüssel aufschlagen und mit Salz und Pfeffer schaumig schlagen. In einer Stielpfanne den feingewürfelten Speck auslassen und darin die geschlagenen Eier mit einem Holzlöffel rühren. Sofort servieren. Bratkartoffeln, Kartoffelpüree oder Brot als Beilage.

Senfeier Wittower Art

8 Eier
100 g Butter
3/4 l Milch
1/2 Becher Tafelsenf
30 g Mehl
Salz, Zucker

Die Eier hartkochen, abschrecken, abschälen und der Länge nach halbieren. In einem Topf die Milch erhitzen und mit dem Mehl andicken. Die Butter und den Senf in eine Schüssel geben und mit der angedickten Milch übergießen, gut umrühren. Die halbierten Eier einlegen und Salzkartoffeln dazugeben.

Rezepte

FISCHSPEISEN

Breeger Hecht mit brauner Butter (Bild 4)

Aal in Dillsoße

600 g Aal
Salz
1 Zwiebel
50 g Butter
30 g Mehl
2 Eßlöffel süße Sahne
Zitronensaft
1 Eigelb
1 Tasse gehackter Dill

Den geputzten Aal in Stücke schneiden und mit der Zwiebel in Salzwasser kochen. In einem gesonderten Topf aus der Butter und dem Mehl eine blonde Schwitze herstellen, mit dem Fischfond auffüllen und gut durchkochen. Mit der Sahne, der Zitrone und dem Eigelb legieren und vor dem Servieren den Dill hineingeben. Dann die Aalstücke in die fertige Soße geben. Salzkartoffeln als Beilage.

Breeger Hecht mit brauner Butter (Bild 4)

1 ganzer Hecht
250 g Suppengrün
Salz
2 Zwiebeln
250 g Butter
3 Teelöffel gehackte Petersilie

Den Hecht (etwa 1500 g) gut schuppen und ausnehmen, Kopf und Schwanz nicht entfernen. In einer großen Pfanne aus dem Suppengrün, den Zwiebeln, Wasser und Salz einen Fischsud bereiten und darin den Hecht im ganzen kochen. Auf einer großen Platte anrichten, mit der Petersilie bestreuen und mit der gebräunten Butter übergießen. Der Hecht soll in der Butter „schwimmen". Dazu gibt es Salzkartoffeln.

Dorsch in Petersiliensoße

1500 g Dorsch
200 g Suppengrün
(Möhre, Sellerie, Porree, Petersiliensoße)
100 g Butter
4 Eßlöffel Mehl
1/4 l Milch
3/4 l Wasser
1/2 Teelöffel gekörnte Brühe
Salz
1 Zitrone
Lorbeerblätter, Zucker, Speisewürze
3 Bund Petersilie

Den Dorsch gut säubern (die Haut mit einem scharfen Messer putzen) und in Portionsstücke schneiden. Das Suppengrün putzen, in feine Streifen raspeln und in etwa 40 g Butter anschwitzen.
Den Fisch daraufgeben, salzen und mit Zitronensaft beträufeln, 2 Lorbeerblätter und die gekörnte Brühe hinzugeben, mit 3/4 l Wasser auffüllen und zugedeckt etwa 15 Minuten garziehen lassen. Von den restlichen 60 g Butter und dem Mehl eine helle Schwitze bereiten, mit dem Fischsud (durchseihen) und sämige Soße herstellen, die Milch hinzugeben und gut durchkochen lassen.
Mit Zucker, Salz und etwas Speisewürze abschmecken und nochmals aufkochen. Die Petersilie feinhacken und in die Soße geben. Salzkartoffeln und frische Salate als Beilage.

Dorschfilet in Senfsoße (Bild 5)

Dorschfilet in Senfsoße (Bild5)

1000 g Dorschfilet
50 g Zwiebeln
1 Zitrone
5 Pimentkörner
75 g Butter
4 Eßlöffel Mehl
1/4 l Milch
4 Eßlöffel Senf
Zucker

Das Fischfilet in Portionsstücke schneiden, einen Sud aus Wasser, Zwiebelscheiben, 1/2 Zitrone, Piment und Salz herstellen. In den kochenden Sud das Filet geben und etwa 15 Minuten garziehen lassen. Aus der Butter und dem Mehl eine helle Schwitze bereiten, mit Milch und dem durchgeseihten Fischsud auffüllen, bis eine sämige Soße entsteht. Gut durchkochen lassen und dann 4 Eßlöffel Senf, Zucker und etwas Salz hinzugeben. Noch einmal kurz erhitzen und heiß über den Fisch geben. Salzkartoffeln und frische Salate sind als Beilage besonders geeignet.

Fischgehacktes

500 g Fischfilet
125 g Nierentalg
1 große Zwiebel, feingehackt
125 g Butter
3 Eiklar
2 Eier
150 g Semmelmehl
3 Eßlöffel Sahne
Muskat
1 Teelöffel gestoßener Ingwer
1/2 Zitronenschale, feingehackt
Salz
50 g Butter

Das Fischfilet in Salzwasser kochen und sehr fein hacken. In eine große Pfanne den gewürfelten Talg, die in Butter gebräunten Zwiebel sowie alle übrigen Zutaten geben und gut mischen bzw. kurz kneten. Aus dieser Masse mit einem Löffel, den man vorher in heißes Wasser getaucht hat, Fischklöße abstechen und in eine mit Butter ausgefettete Kasserolle legen. Mit ein wenig Brühe auffüllen und am Herdrand kurz kochen. Dazu schmecken Kartoffelpüree und frische Kräuter.

Flunder, gebraten, mit Apfelkompott

4 glatte Flundern
20 g Mehl
Saft einer Zitrone
Salz
75 g Öl
20 g Butter
500 g Äpfel
60 g Zucker
Zimt

Die Flundern ausnehmen, von den Flossen befreien und gut waschen. Dann reichlich salzen, mit dem Zitronensaft beträufeln und in einem großen Sieb etwa eine Stunde ziehenlassen. Danach in Mehl wälzen und in dem sehr heißen Öl knusprig braunbraten. Das Öl abgießen und mit der Butter nachbraten.
Apfelkompott: Die Äpfel waschen, schälen und entkernen. In große Stücke schneiden und mit etwas Wasser, dem Zucker und einer Prise Zimt kurz aufkochen. Noch etwas warm als Beilage verwenden. Dazu Pellkartoffeln als Beilage.

Flunder, gekocht, mit Petersiliensoße

4 große Flundern
2 Petersilienwurzeln
1 große Zwiebel
Piment, Salz
50 g Butter
60 g Mehl
1/4 l Milch
2 Eßlöffel saure Sahne
1 Bund Petersilie, feingehackt

Die Flundern ausnehmen, von den Flossen befreien und gut waschen. Aus den Petersilienwurzeln, der Zwiebel, einigen Pimentkörnern, Salz und etwa 1 l Wasser einen Sud kochen. Darin die vorbereiteten Flundern langsam garen.
Die Petersiliensoße wie folgt herstellen:
Aus der Butter und dem Mehl eine helle Schwitze bereiten. Diese zunächst mit der Milch ablöschen, dann mit etwas Fischfond ergänzen, bis eine sämige Konsistenz erreicht ist. Gut durchkochen, mit der sauren Sahne abziehen und mit der feingehackten Petersilie ergänzen. Salzkartoffeln und Gurkensalat als Beilage.

Gebratene Fischklopse, Sassnitzer Art

500 g Fischfilet
2 Eier
Salz, Pfeffer
100g gewürfelte Zwiebeln, Porree
75 g Semmelmehl
75 g Öl oder Margarine

Das Fischfilet durch den Wolf drehen und mit den Eiern, den Gewürzen, den Zwiebeln und dem Semmelmehl zu einer festen Masse verarbeiten. Dann Klopse formen und in heißem Öl goldgelb braten. Kartoffelsalat oder Mischgemüse und Salzkartoffeln eignen sich als Beilage.

„Wenn dei Fisch brad't is,
helpt em dat Water nich mihr."

Gekochter Dorsch mit Petersiliensoße

1000 g Dorsch
1 Petersilienwurzel
1 Zwiebel
Salz

Zur Soße:
50 g Butter
40 g Mehl
1/4 l Milch
1/8 l saure Sahne
2 Bund Petersilie, feingehackt
Salz, Zucker

Den Dorsch mit einem Messer gut putzen, ausnehmen und waschen. In Stücke schneiden. Aus der Petersilienwurzel, der Zwiebel, Salz und Wasser einen Fond kochen. Darin den portionierten Dorsch garziehen lassen.
Die ***Petersiliensoße*** wie folgt herstellen:
Aus der Butter und dem Mehl eine helle Schwitze bereiten und mit der Milch ablöschen. Mit der sauren Sahne binden und mit Salz und Zucker abschmecken. Etwas Fischfond dazugeben. Zum Schluß die feingehackte Petersilie unterrühren. Dieses Gericht schmeckt besonders gut in den Monaten mit „R". Salzkartoffeln als Beilage.

Grüne Heringe, gebraten nach Art der Ostseefischer

8 grüne Heringe
Salz, Pfeffer
100 g Mehl
100 g Speckwürfel

Die Heringe gut säubern, waschen und abtropfen. Mit Salz und Pfeffer würzen und in Mehl wälzen. Wenn das Mehl angezogen hat, restliches Mehl abklopfen. In einer Pfanne Speckwürfel auslassen, durch ein Sieb gießen und die Grieben beiseitestellen. Die vorbereiteten Heringe im Speckfett goldbraun braten und auf einer Platte anrichten. Die heißen Grieben darüberstreuen.

Hecht, gebacken, mit saurer Sahne

1200 g küchenfertiger Hecht
75 g Butter
1 Lorbeerblatt
1 Zwiebel in Scheiben
1/4 l saure Sahne
100 g geriebener Zwieback
70 g Reibekäse
Saft einer Zitrone
1 Tasse Brühe
Salz, Pfeffer

Den Hecht in 4 Portionen schneiden, salzen und pfeffern. In einer flachen Ofenpfanne die Butter erhitzen und darin die Hechtstücke von beiden Seiten braun anbraten. Die Zwiebeln und das Lorbeerblatt dazugeben und das Ganze einige Minuten in den Ofen schieben. Dann die saure Sahne über den Fisch gießen und Zwieback und Reibekäse darüberstreuen. Diesen Vorgang einige Male wiederholen. Abschließend den Fisch mit dem Zitronensaft beträufeln und die Brühe zum Fischfond geben. Die überkrusteten Hechtstücke mit der Soße anrichten. Als Beilage eignen sich Salzkartoffeln und grüner Salat.

Heringsfilet mit grünen Speckbohnen

4 bis 6 Salzheringe
Pfeffer
Selterswasser
250 g durchwachsener Speck
1 Glas grüne Bohnen
1 Bund feingehackte Petersilie
(oder 750 g frische Ware)
100 g Zwiebelringe
1 Bund Bohnenkraut

Die Heringe filetieren, gut waschen und kurz in Selterswasser legen. Die Bohnen mit Bohnenkraut und Pfeffer garkochen (frische Ware in Salzwasser kochen und dann in einer angewärmten Schüssel anrichten). Zwischenzeitlich Speckwürfel auslassen, über die Bohnen geben und mit Petersilie bestreuen.
Die Heringsfilets abtrocknen, auf einer Platte anrichten und mit Zwiebelringen belegen.
Dazu neue Pellkartoffeln reichen.

Ostseehering, eingelegt nach Stralsunder Art (Bild 6)

Hering, gekocht, mit Senfsoße

8 grüne Heringe
1 Petersilienwurzel
1 Zwiebel
Salz
(Senfsoße wie bei Hornfisch, gebraten, mit Senfsoße)

Die frischen Heringe ausnehmen und den Kopf abschneiden, anschließend gut waschen. Danach salzen und in einem Fond aus Wasser, Salz und Petersilienwurzel sowie der Zwiebel langsam garkochen. Die Senfsoße gesondert zubereiten. Salzkartoffeln und frischer Salat als Beilage.

Heringsmilch, gebraten

200 g Heringsmilch
4 Eier
1 Zwiebel, feingehackt
50 g Butter
Salz, Pfeffer

Die Heringsmilch in feine Würfel schneiden und zusammen mit den Eiern, Salz und Pfeffer schaumig schlagen. Die Butter erhitzen und darin die Zwiebeln leicht dünsten, die geschlagenen Eier mit der Heringsmilch hineingeben und mit einem Holzlöffel rühren, bis die Masse gestockt ist. Bratkartoffeln oder Brot als Beilage.

Hiddenseer Schmoraal

750 g Aal
Pfeffer
75 g Margarine
100 g Butter
Salz 50 g Mehl
2 große Zwiebeln

Den Aal gut putzen und in etwa 2 cm lange Stücke schneiden. In einem Topf die Margarine erhitzen, die Zwiebelscheiben darin glasig dünsten, den gesalzenen und gepfefferten Aal hineingeben und alles gut schmoren. Aus der Butter und dem Mehl eine hellbraune Schwitze herstellen und an das Gericht geben. Gut durchkochen und mit Salz- oder Pellkartoffeln servieren.

„Grot Fisch, lütt Fisch, un wir de Fisch nich wach,
dann hett de Katt eenen goden Dag."

Hornfisch, gebraten, mit Senfsoße

1000 g Hornfisch
60 g Öl
20 g Mehl
Salz
1 Zitrone

Zur Soße:
40 g Butter
50 g Mehl
1/4 l Milch
1/3 Becher Senf
Salz, Pfeffer, 15 g Zucker

Den Hornfisch ausnehmen und gut waschen, in Portionsstücke schneiden und mit Salz und Zitrone würzen. Etwa eine Stunde in ein Sieb legen. In Mehl wälzen und in sehr heißem Öl braten.
Die ***Senfsoße*** wie folgt herstellen:
Aus der Butter und dem Mehl eine dunkle Schwitze bereiten, den Senf unterrühren und mit der Milch auffüllen. Mit Salz, Pfeffer und Zucker abschmecken und gut durchkochen. Salzkartoffeln und frischer Salat als Beilage.

Hornfisch, gekocht, mit Zitronensoße

1000 g Hornfisch
Salz
1 Petersilienwurzel
1 Zwiebel in Scheiben
3 Pimentkörner
1 Lorbeerblatt

Zur Soße:

40 g Butter
50 g Mehl
1/4 l Milch
1 Eigelb
30 g Kondensmilch
Saft einer Zitrone, Salz, Zucker

Den Hornfisch ausnehmen, waschen und in Portionsstücke schneiden. Aus Wasser, der Petersilienwurzel, der Zwiebel und den Gewürzen einen Fond herstellen. Darin den vorbereiteten Fisch garziehen lassen.
Die ***Zitronensoße*** wie folgt herstellen:
Aus der Butter und dem Mehl eine helle Schwitze bereiten. Mit der Milch und etwas Fischfond auffüllen, gut durchkochen, mit Eigelb und Kondensmilch legieren sowie mit Zitrone, Salz und Zucker abschmecken. Kopfsalat, Salzkartoffeln oder Kartoffelpüree als Beilage.

Jasmunder Pflückhecht

1000 g küchenfertiger Hecht
150 g Suppengrün
3 Eßlöffel Essig
1 Lorbeerblatt
4 Gewürzkörner
1/8 l saure Sahne
60 g Butter
50 g Mehl
1 Eßlöffel Kapern
1 Eßlöffel gehackte Petersilie
1 Zitrone
Salz, Pfeffer, Zucker
Muskat zum Würzen

1 1/2 l Wasser mit Salz und Essig würzen, das Suppengrün und die Gewürze hinzugeben und 10 Minuten aufkochen lassen, dann den Hecht hineinlegen und bei mäßiger Hitze etwa 20 Minuten garen. Den Hecht herausnehmen und in fingergroße Stücke zerpflücken. Am Herdrand warmhalten. Aus der Butter und dem Mehl eine blonde Schwitze herstellen, mit 1/4 l durchgesiebter Fischbrühe auffüllen und etwa 10 Minuten ausquellen lassen. Die Soße mit saurer Sahne, dem Saft einer halben Zitrone, Salz, Pfeffer, Zucker und Muskat abschmecken. Die restliche halbe Zitrone schälen und in Scheiben schneiden. Diese zusammen mit den Kapern und der Petersilie in die Soße geben. Dann die Hechtstücke hineingeben und noch einmal gut erhitzen. Dillkartoffeln und grüner Salat sind als Beilage zu empfehlen.

Labskaus

300 g Rinderpökelfleisch
300 g Schweinepökelfleisch
1 Lorbeerblatt
4 Gewürzkörner
1 Zwiebel
800 g geschälte Kartoffeln
3 Eßlöffel Zwiebelwürfel
60 g Butter
1 Tasse Pökelbrühe
4 Eier
4 Sardellen
2 Salzgurken
Pfeffer

Das Pökelfleisch mit dem Lorbeerblatt, den Gewürzkörnern und der Zwiebel garkochen, herausnehmen und durch die grobe Scheibe des Fleischwolfes geben. Die Kartoffeln ohne Salz garkochen, abgießen und stampfen, die Zwiebelwürfel in der Butter weichdünsten. Das durchgewolfte Pökelfleisch mit den Stampfkartoffeln, den Dünstzwiebeln und einer Tasse Pökelbrühe zu einem Haschee vermischen und mit möglichst frisch gemahlenem Pfeffer würzen. Auf einem Teller eine heiße Portion anrichten und obenauf ein Setzei legen. Das Ei mit Sardellenstreifen garnieren sowie eine halbe Salzgurke als Beilage.

Lachskotelett mit brauner Butter

600 g Lachsmittelstück
Salz, Mehl
75 g Öl
75 g Butter
Petersilie, Dill

Aus dem gut gesäuberten Lachs 4 Scheiben (Koteletts) schneiden und mit Salz einreiben. Nach etwa 1/2 Stunde mehlieren und in sehr heißem Öl braten. Das Fett abgießen und in derselben Pfanne die Butter bräunen. Den gebratenen Fisch mit viel Petersilie und Dill bestreuen und mit der Butter übergießen.

„Man möt nich iehrer ‚Hal Fisch!' ropen, bät man se in'n Sack hett."

Lauterbacher Pfannfisch

500 g gebratener oder geräucherter Fisch
750 g gekochte Kartoffeln
100 g magerer Speck
4 Zwiebeln
4 Eier
1/8 l Milch
2 Bund Schnittlauch
Pfeffer, Salz, Senf

Aus den Kartoffeln, den Zwiebeln und dem Speck knusprige Bratkartoffeln herstellen, darunter den entgräteten, zerzupften Fisch mischen und gut pfeffern. Die Eier mit der Milch verquirlen und mit einem Eßlöffel Senf und dem feingehackten Schnittlauch vermischen. Diese Masse über das Kartoffel-Fisch-Gemisch gießen und leicht stocken lassen. Mit Sauergemüse servieren.

Ostseehering, eingelegt nach Stralsunder Art (Bild 6)

1000 g küchenfertige grüne Heringe
2 Eßlöffel Mehl
4 Eßlöffel Öl
100 g Zwiebeln in Scheiben
1 geschälte, in Scheiben geschnittene Zitrone
1 Eßlöffel Weinessig
1/2 l helles Bier
Salz, Pfeffer, Zucker zum Würzen

Die küchenfertigen Heringe mit Salz und Pfeffer würzen, mehlieren und in heißem Öl braunbraten. Die gebratenen Heringe in eine Schüssel legen, dazwischen die Zwiebel- und Zitronenscheiben geben. Den Essig und das Bier abschließend darübergießen und 24 Stunden marinieren.

Salzheringe mit Schusterstippe (Bild 7)

Pökelaal mit Senfsoße

750 g Pökelaal
(ersatzweise auch frischer Aal)
2 Zwiebeln
100 g Butter
75 g Mehl
3/4 l Brühe
Zucker, Essig
1/2 Becher Senf

Den Pökelaal einen Tag vorher wässern. Am nächsten Tag in Stücke schneiden und in Wasser mit Zwiebeln kochen. Aus der Butter und dem Mehl eine hellbraune Schwitze herstellen und mit der Brühe ablöschen. Mit Zucker und Essig abschmecken und mit reichlich Senf aufschlagen. Pellkartoffeln und frisches Kompott als Beilage.

Pökelaal mit süßsaurer Soße (Wittow)

750 g gesalzener Aal
2 große Zwiebeln in Scheiben
100 g Butter
70 g Mehl
1/4 l Milch
Essig, Zucker, Salz
2 Eßlöffel saure Sahne

Den Salzaal einen Tag wässern und dann in Portionsstücke schneiden, mit den Zwiebeln in kochendes Wasser einlegen und garen. Aus der Butter und dem Mehl eine blonde Schwitze herstellen, mit der Milch und etwas Fischfond ablöschen und gut durchkochen lassen. Mit Essig, Zucker und etwas Salz süßsauer abschmecken. Zum Abschluß mit der sauren Sahne verfeinern. Als Beilage Pellkartoffeln und frische Salate.

Rügener Pfannfisch

600 g Fischfilet
Salz, Pfeffer
100 g Suppengrün
1 Lorbeerblatt
4 Gewürzkörner
2 Eßlöffel Essig
800 g geschälte Kartoffeln
400 g Pökelfleisch
gehackte Petersilie
2 mittlere Salzgurken

Den Fisch in einem Sud von Suppengrün, Essig, Gewürzen langsam garen. Den gegarten Fisch ausheben und grob wolfen bzw. hacken. Nebenher die Kartoffeln kochen, abgießen und stampfen. Fisch und Stampfkartoffeln mit etwas Fischsud zu einem Püree vermengen, Butter unterziehen und mit Salz und Pfeffer abschmecken.
Das Pökelfleisch weichkochen und in dünne Scheiben schneiden. Auf einem flachen Teller anrichten, die Fleischscheiben am Rande plazieren. Das Ganze mit Petersilie bestreuen und mit Salzgurke garnieren.

Salzheringe mit Schusterstippe (Bild 7)

4 bis 6 Salzheringe
80 g magerer Speck
2 Zwiebeln
50 g Mehl
Zucker, Salz, Pfeffer

Die Salzheringe einen Tag wässern, Kopf und Schwanz entfernen, ausnehmen und abziehen. Den grobwürflig geschnittenen Speck auslassen und die Zwiebeln, ebenfalls grobwürflig geschnitten, hinzugeben. Wenn beide goldbraun sind, das Mehl hineingeben und obenauf 2 Teelöffel Zucker streuen. Das Ganze dunkelbraun anschwitzen und mit Wasser auffüllen. Die sehr dicke „Stippe" nun gut durchkochen und mit Salz und Pfeffer abschmecken. Dazu Pellkartoffeln und frische Butter reichen.

Sassnitzer Heringsklopse

4 altbackene Brötchen, eingeweicht und ausgedrückt
300 g gekochte, kalte Kartoffeln
gewässerte, entgrätete und abgezogene Heringe
1 Ei
1 Teelöffel Kapern, gehackt
1 Bund Petersilie, gehackt
50 g Öl

Zur Soße:

50 g Butter
45 g Mehl
1/4 l Fleischbrühe
1 bis 2 Eßlöffel Senf
Salz, Pfeffer, Zucker

Die Brötchen, Kartoffeln und Heringe wolfen und mit dem Ei, den Kapern und der Petersilie zu einer Masse verkneten. Je nach Bedarf noch etwas Semmelmehl hinzufügen. Flache Klopse formen und beidseitig in Öl braten. Dann eine ***Senfsoße*** herstellen. Dazu aus der Butter und dem Mehl eine blonde Schwitze bereiten, mit der Brühe ablöschen, gut durchkochen, den Senf unterrühren, mit den Gewürzen abschmecken und nochmals aufkochen. Salzkartoffeln und grüner Salat eignen sich als Beilage.

Speckflundern

4 küchenfertige Flundern
etwas Zitronensaft
Salz
125 g fetter Speck
Zitronenscheiben, Petersilie

Die Flundern waschen, abtrocknen, auf jeder Seite über die ganze Breite dreimal schräg bis auf die Gräte einschneiden, mit Zitronensaft beträufeln, salzen und etwa 30 Minuten stehenlassen. Den Speck in Würfel schneiden und bei starker Hitze in einer Pfanne auslassen, bis er glasig geworden ist. Die abgetrockneten Flundern hineinlegen und auf jeder Seite etwa 4 Mi-nuten braten. Die Flundern mit Speckwürfeln auf einer vorgewärmten Platte anrichten und mit Zitronenscheiben und Petersilie garnieren. Kartoffelsalat oder Salzkartoffeln als Beilage.

Spickaal, gebacken

600 g Räucheraal
30 g Mehl
1 Ei
100 g Semmelmehl
50 g Butter
1/2 Zitrone

Den Räucheraal in 50-g-Stücke schneiden, enthäuten und entgräten. Die Aalstücke in Mehl, Ei und Semmelbröseln panieren. In einer Pfanne Butter erhitzen und darin die Stücke goldbraun ausbacken. Stets mit Zitrone servieren. Als Beilage eignen sich besonders feine Gartengemüse, wie Zuckerschoten und Spargel. Dazu Dill- oder Schwenkkartoffeln.

„De Fisch mücht de Katt woll, se mach sik man blot's de Föt nich natt maken."

Steinbutt, gekocht, mit geriebenem Meerrettich und zerlassener Butter

2 mittelgroße Steinbutte
2 Petersilienwurzeln
1 große Zwiebel
Piment, Salz
150 g geriebener Meerrettich
80 g Butter

Die Steinbutte gut säubern, ausnehmen und von den Flossen befreien. Aus der Petersilienwurzel, der Zwiebel, einigen Pimentkörnern, Salz und 2 l Wasser einen Sud herstellen. In diesen Sud die vorher portionierten Fische legen und langsam bei etwa 95 °C garen. Mit dem geriebenen Meerrettich servieren. Zerlassene Butter extra reichen. Salzkartoffeln und frischer Salat als Beilage.

Süßsaurer Hering mit Stampfkartoffeln auf Hiddenseer Art

4 bis 6 Salzheringe
2 Zwiebeln
1 Tasse Essig
Zucker
800 g geschälte Kartoffeln
1/4 l Milch
50 g Butter
75 g Speck
Muskat

Die Heringe 24 Stunden wässern, säubern und in Stücke schneiden. Aus Wasser, Essig, Salz und Zucker einen Fond herstellen und darin den Hering kochen.
Stampfkartoffeln: Die geschälten Kartoffeln mit der Zwiebel kochen, dann schwach abgießen und stampfen. Butter und Milch sowie ein Stück Muskat hinzugeben und gut durchrühren. Den Speck fein würfeln und auslassen. Auf einem Teller die Stampfkartoffeln anrichten, in der Mitte ein Loch formen und den ausgelassenen Speck hineingeben. Den gekochten Fisch heiß anlegen.

Falscher Gänsebraten (Bild 8)

Rezepte

Fleischspeisen

Geschmorter Schweinekamm mit Backpflaumen (Bild 9)

Falscher Gänsebraten (Bild 8) (gefüllte Schweinerippchen)

1000 g frisches Schweinerippchenstück
200 g Backpflaumen
150 g Äpfel, geschält, entkernt und geschnitzelt
80 g geriebenes Schwarzbrot
1 Eßlöffel Zucker
1 Prise Zimt
Kardamom, Salz
3 Eßlöffel Fleischbrühe
1 Teelöffel Rosenpaprika
2 Eßlöffel Mehl

Das Schweinerippchenstück von der Seite her aufschneiden, so daß man eine Fülltasche erhält. In einer Schüssel die Füllung zubereiten. Backpflaumen und Apfelschnitzel in die Schüssel geben, das geriebene Schwarzbrot darüberstreuen. Zucker, Zimt, eine Prise Salz und etwas Kardamom dazugeben und vermischen. Dann mit heißer Brühe übergießen, gut vermengen und in das Rippenstück einfüllen. Die Fülltasche wieder zunähen, das ganze Stück mit Salz, Pfeffer sowie etwas Rosenpaprika würzen und in einer Pfanne mit etwas Wasser bei etwa 220 °C in den Ofen schieben. Farbe nehmen lassen und häufig übergießen. Jeweils etwas Wasser nachgießen. Nach etwa 1 1/2 Stunden den fertigen Braten herausnehmen, warmstellen und den Bratensatz ablöschen. Mit etwas angerührtem Mehl binden sowie mit Salz, Pfeffer und Zucker abschmekken. Als Beilage eignen sich mehlige Salzkartoffeln und winterliches Gemüse (Rosenkohl, Rotkohl).

„Es wird mit Recht ein guter Braten gerechnet zu den guten Taten."

W. Busch

Gefüllter Kohlkopf

1 mittlerer Weißkohlkopf
700 g magerer Rauchspeck
50 g Schmalz
50 g Mehl
1 Lorbeerblatt
5 Gewürzkörner
1 Zwiebel
1 Tasse saure Sahne
zum Würzen Salz,
Pfeffer, Muskat, Zucker

Den Kohlkopf nach Herausschneiden des Strunkes in Salzwasser etwa 10 Minuten blanchieren, dann herausnehmen, abtropfen lassen und halbieren. Die inneren Herzblätter entfernen. In die Aushöhlung den mageren Speck legen, den Kopf wieder zusammenfügen und binden. Zusammen mit den Gewürzen wieder in leichtem Salzwasser etwa 2 Stunden weichkochen lassen.
In einem anderen Topf aus dem Schmalz sowie dem Mehl eine braune Schwitze herstellen und mit der Kohlbrühe ablöschen. Die sämige Soße mit den Gewürzen lieblich abschmecken und abschließend die Sahne unterziehen. Den Kohlkopf auf eine Platte legen, die Bindung entfernen und mit der Soße übergießen.
Dazu schmecken Salzkartoffeln besonders gut.

Kloppschinken (Bild 10)

Gurken mit Hackfleisch

4 Gurken je 350 g
250 g Schweinehack
300 g Rinderhack
1 eingeweichte Semmel
1 Eigelb
Salz, Pfeffer
1 Strich Muskat
50 g Butter
2 Eßlöffel Zwiebelwürfel
40 g Mehl
1/8 l saure Sahne
Salz, Pfeffer
1 Prise Zucker
1 Eßlöffel Weinessig
1 Eßlöffel gehackte Petersilie

Die Gurken schälen, der Länge nach halbieren und das Kerngehäuse mit einem Eßlöffel ausschaben. Aus Schweine- und Rinderhack mit eingeweichter Semmel, Eigelb, Salz, Pfeffer und einem Stich Muskat eine Füllmasse herstellen. Die halben Gurken damit füllen, zusammensetzen und binden. In einem flachen Topf die Butter erhitzen, Zwiebelwürfel hinzugeben, die gefüllten und gebundenen Gurken kurz allseitig anbraten, mit Wasser oder Brühe angießen und etwa 15 bis 20 Minuten langsam garkochen. Die Gurken dann herausnehmen und warmlegen. Mehl mit saurer Sahne anrühren und den Gurkenfond binden, durchkochen lassen und mit Salz, Pfeffer, einer Prise Zucker und etwas Essig süßsauer abschmecken. Nach dem Anrichten mit Petersilie bestreuen. Als Beilage eignen sich Salzkartoffeln.

Geschmorter Schweinekamm mit Backpflaumen (Bild 9)

350 g Backpflaumen
50 g Zucker
40 g geriebener Pfefferkuchen
800 g Schweinekamm ohne Knochen
125 g Suppengrün (Möhre, Sellerie, Porree, Zwiebeln)
50 g Schmalz
1 Teelöffel Tomatenmark
Salz, Pfeffer
1 Lorbeerblatt
1 Gewürzkorn
40 g Mehl
Zucker

Die Backpflaumen am Vortag in Wasser einweichen. Am Verwendungstage mit dem Einweichwasser sowie dem Zucker weichdünsten und mit dem Pfefferkuchen abziehen. Den Schweinekamm mit Salz und Pfeffer einreiben und in das erhitzte Schmalz legen. Von allen Seiten gut anbraten. Das Suppengrün ebenfalls mit anrösten und dann das Tomatenmark sowie die Gewürze hinzugeben. Weiterrösten und mit wenig Wasser ablöschen. Wenn alles gut geschmort ist, 3/8 l Wasser angießen, zudecken und etwa 1 Stunde garschmoren. Das Fleisch herausnehmen und warmstellen. Den Fond mit dem angerührten Mehl abziehen, abschmecken und durchsieben. Dann nochmals aufkochen lassen. Den Schweinekamm in Scheiben schneiden und mit der Soße bedekken. Die Backpflaumen heiß anlegen. Kartoffelpüree oder Klöße eignen sich gut als Beilage.

Rügener Zwiebelfleisch (Bild 11)

Grünkohl mit geräucherter Schweinebacke

1500 g Grünkohl
500 g geräucherte Schweinebacke
2 große Zwiebeln
1/4 l Brühe
2 Eßlöffel Grütze
Salz, Pfeffer, Muskat, Zucker, Pfefferkörner

Den Grünkohl von den Rippen streifen, mehrmals waschen und gut blanchieren. Mit kaltem Wasser abschrecken und abtropfen lassen. Danach grob hacken. In einem größeren Topf die Schweinebacke mit Zwiebeln, Zucker und Pfefferkörnern kochen. Nach einer halben Stunde den vorbereiteten Grünkohl hinzugeben und längere Zeit gut durchkochen. Zum Schluß die gewaschene Grütze einrühren und langsam garen. Mit Muskat und den anderen Gewürzen abschmecken. Die Schweinebacke in Scheiben schneiden und in Grünkohl servieren. Trockene Salzkartoffel sind besonders gut als Beilage geeignet.

„Dat kummt wedder, säd de Bur un geef sin Swin Speck.“

Kloppschinken (Bild 10)

4 dicke Scheiben roher Schinken je 100 g
1/2 l Milch
Muskat
4 Eier
3 Eßlöffel Mehl
2 Eßlöffel Öl
2 Eßlöffel Margarine
Pfeffer

Die Schinkenscheiben klopfen und einige Stunden in mit Muskat gewürzter Milch einlegen. Herausnehmen und gut abtropfen lassen, leicht pfeffern, mehlieren, in verrührtem Ei wenden und im Öl-Margarine-Gemisch langsam braten. Blumenkohl, Spargel, Grünkohl, grüne Salate und Salzkartoffeln eignen sich als Beilage.

Mecklenburger Grützwurst

500 g Grütze
1 l Fleischbrühe
100 g Schweineflomen (groß gewürfelt)
50 g Zwiebeln, gewürfelt
125 g Schweineblut
Salz, Nelkenpfeffer, Piment

Die Grütze am Vortage in der kalten Brühe einweichen und kaltstellen. Die so eingeweichte Grütze am nächsten Tag bei gleichmäßiger Hitze recht dick und weich ausquellen. Währenddem den Flomen auslassen und das Fett zu der Grütze geben. Alles gut durchrühren. Die Grieben zusammen mit den Zwiebeln garen und sehr kleingehackt zur Grütze geben. Mit Salz, Pfeffer und Nelkenpfeffer abschmekken. Dann das durchgesiebte Schweineblut hinzugeben. Die Masse in einen hohen Topf geben und im Wasserbad garen.
Eine zweite Variante ist das Abfüllen in Därme. Die Würste werden in diesem Fall bei 90 °C gebrüht.

Wruken mit Schweinekamm nach Wera (Bild 12)

Rindfleisch mit Meerrettichsoße

500 g Rinderbrust
1 Zwiebel
1 Möhre
1 Stange Porree
50 g Sellerie
1 Meerrettichstange
Salz
3 Pimentkörner, 1 Lorbeerblatt

Zur Soße:
50 g Butter
40 g Mehl
1/4 l Milch
100 g geriebener Meerrettich
Salz, Zucker, weißer Pfeffer

Das Rindfleisch waschen und mit Wasser aufkochen. Danach abschäumen und mit den Gewürzen zusammen langsam garkochen. Das Fleisch herausnehmen und in Scheiben schneiden. Warmstellen.
Die ***Meerrettichsoße*** wie folgt herstellen: Aus der Butter und dem Mehl eine helle Schwitze bereiten, mit der Milch und etwas Brühe ablöschen und gut durchkochen. Mit Salz, Zucker und etwas weißem Pfeffer abschmekken. Zum Schluß den möglichst frisch geriebenen Meerrettich unterziehen. Ersatzweise auch Konservenmeerrettich verwenden. Bratkartoffeln oder Salzkartoffeln als Beilage.

Rindfleisch mit Pflaumen

1000 g Rindfleisch ohne Knochen
150 g Suppengrün (Möhren, Sellerie, Porree)
Salz
350 g Backpflaumen
2 Eßlöffel geriebener Pfefferkuchen

Zur Soße:
75 g Butter
40 g Mehl
4 Zwiebeln, gewürfelt
Petersilie, Salz, Pfeffer

Das Rindfleisch in etwa 2 l kaltem Wasser ansetzen. Bei Kochbeginn die Brühe abschäumen, Salz und Suppengrün zusetzen und langsam garen lassen. Bevor das Fleisch gar ist, in einem gesonderten Topf die Backpflaumen mit Zucker und durchgesiebter Rinderbrühe garkochen und mit dem geriebenen Pfefferkuchen eindicken.
Von 50 g Butter und dem Mehl eine helle Einbrenne herstellen, mit etwa 1/4 l durchgesiebter Rindfleischbrühe auffüllen und glattrühren. Die Zwiebeln in der restlichen Butter rösten und in die Soße geben, ebenso die Petersilie. Mit Salz und Pfeffer abschmecken. Mit dem Fleisch zusammen anrichten. Als Beilage Salzkartoffeln.

Rügener Schweinegulasch mit Gemüse

500 g Schweineschulter
4 Zwiebeln
6 Tomaten
250 g grüne Bohnen
1/4 Kopf Weißkohl
5 Eßlöffel Öl
Salz, Paprika, Pfeffer,
Petersilie, Knoblauch

Die Schweineschulter in Würfel schneiden und mit in Scheiben geschnittenen Zwiebeln in Öl kräftig anschwitzen. Danach mit Paprika bestreuen, die gewürfelten Tomaten und den in Streifen geschnittenen Kohl hinzufügen. Mit Salz, Pfeffer und geriebenem Knoblauch würzen und das Ganze dünsten lassen. Die grünen Bohnen säubern und leicht kochen, zum Fleisch-Gemüse-Gemisch geben und alles zusammen garen. Die Petersilie hacken und reichlich davon hineingeben. Brot als Beilage eignet sich besonders gut.

Rügener Zwiebelfleisch (Bild 11)

1200 g Schweinerippchen oder
BAuchfleisch
Salz
500 g Zwiebeln
3 Gewürzkörner
10 g Kümmel
Zucker
75 g Butter
50 g Mehl

Das Fleisch mit den Gewürzen und den in Scheiben geschnittenen Zwiebeln garkochen. Aus der Butter und dem Mehl eine blonde Schwitze herstellen und mit ein wenig Fond vom Fleisch ablöschen. Das Fleisch herausnehmen und in Scheiben bzw. Portionen schneiden. Die Schwitze in den Fleischfond einrühren und gut durchkochen. Sehr heiß servieren. Als Beilage eignen sich Salzkartoffeln.

Schweinerippchen mit Möhren

1000 g Schweinerippchen
40 g Margarine
500 g Möhren
4 Zwiebeln
2 Eßlöffel Tomatenmark
Salz, Pfeffer, Thymian
2 Eßlöffel gehackte Petersilie
Zucker

Die Rippchen waschen, abtrocknen und in Portionsstücke schneiden. In einer Pfanne die Margarine erhitzen und das Fleisch darin von allen Seiten gut bräunen. Daneben die Möhren putzen, waschen und in Scheiben schneiden, ebenfalls die Zwiebeln. Diese in die Pfanne geben, leicht andünsten und jetzt die Möhren hineingeben. Das Ganze gut durchkochen. Tomatenmark, Salz, Pfeffer, Thymian und etwa 1/2 l Wasser hinzufügen, alles garschmoren lassen. Das Gericht mit Salz, Pfeffer und Zucker abschmecken und mit gehackter Petersilie bestreut servieren.

Wruken mit Schweinekamm nach Wera (Bild 12)

1000 g Wruken
500 g Schweinekamm
1 Zwiebel, großgewürfelt
Piment, Salz, weiße Pfefferkörner
1 Strauß Thymian
125 g Butter
50 g Mehl
Zucker, Pfeffer

Die Wruken schälen und in 1 cm große Würfel schneiden. Das Fleisch mit Piment, Salz sowie einigen weißen Pfefferkörnern aufsetzen und fast garkochen. Die Wruken und den Strauß Thymian hinzugeben und zusammen garkochen. Dann das Fleisch herausnehmen und so viel Brühe abnehmen, daß das Gemüse gerade noch bedeckt ist. Das Fleisch warmstellen. Aus der Butter und dem Mehl eine blonde Schwitze herstellen und in das Gemüse geben, auf-kochen und mit Zucker und Pfeffer abschmecken. Das Gemüse muß sehr „suppig" sein. Den Schweinekamm in Scheiben schneiden und in das Gemüse geben. Trockene Salzkartoffeln oder auch Pellkartoffeln als Beilage.

Rezepte

WILD- UND GEFLÜGELSPEISEN

Rügener Gänsebraten (Bild 13)

Entenweißsauer

1 mittlere Ente, ausgenommen,
ohne Kopf und Bein
1 große Zwiebel
Pfefferkörner, Salz, Salbei
50 g Möhren
50 g Sellerie
Zucker und Essig nach Geschmack
45 g Gelatine

Das in Stücke geschnittene Entenfleisch mit Salzwasser aufkochen und danach gut abschäumen. Dann die Gewürze und das Gemüse hineingeben und das Ganze gar kochen. Die Fleischstücke in eine Schüssel legen und kaltstellen. Den Fond auf etwa 1 1/2 l reduzieren, durchseihen und mit Zukker und Essig abschmecken. Die Gelatine einweichen und in die Brühe geben. Noch einmal kurz erhitzen und über das Fleisch gießen. Nach dem Erkalten Bratkartoffeln oder Brot als Beilage.

Gänseschwarzsauer

1000 g Gänsekleinfleisch
1/2 l Gänseblut (ersatzweise auch Schweineblut)
450 g gemischtes Backobst
50 g geriebener Pfefferkuchen
75 g Zucker
2 Gewürznelken
1 Eßlöffel Zitronensaft
5 Wacholderbeeren
Piment, Salz

Zur Kloßbeilage:

800 g geschälte Pellkartoffeln
175 g Mehl
2 Eier
1 Teelöffel Salz
Muskat, Zucker

Das Backobst am Vortage in Wasser einweichen. Mit dem Einweichwasser und den Gewürzen weichschmoren, geriebenen Pfefferkuchen einrieseln lassen. Das Blut mit etwas Essig und Zitronensaft verrühren und schubweise unter das Backobst mischen, abschmekken und warmhalten. Das Kleinfleisch mit Wasser, Salz, Wacholderbeeren und Piment in einem Topf gesondert kochen und die Klöße währenddem herstellen: Kartoffeln durchdrehen und mit den übrigen Kloßzutaten zu einem Teig kneten. Runde Klöße formen und in Salzwasser garziehen. Die Klöße zusammen mit dem Salzwasser in einer Schüssel anrichten. Das Kleinfleisch als Einlage hineingeben.

Geräucherte Rehkeule

1 ganze Rehkeule
2 1/2 l Wasser
25 g Zucker
8 g Salpeter
260 g Salz
5 Gewürzkörner
6 Wacholderbeeren
1 kleiner Tannenzweig
6 Pfefferkörner

Das Salz zusammen mit den Gewürzen in Wasser aufkochen und den so entstandenen Pökelfond abkühlen lassen. Dann die Rehkeule hineinlegen, 6 bis 7 Tage darin lassen und kühlstellen. Danach herausnehmen und gut abtrocknen. Die so vorbereitete Keule 3 bis 4 Tage kalt räuchern und anschließend etwa 1 Woche lufttrocknen (Zugluft). Zum Schmok (Rauch) einige Tannenzweige und Wacholderbeeren geben, das verbessert den Geschmack. Als kalte Speise in dünne Scheiben schneiden. Auch als Beilage zu frischem Blumenkohl oder Stangenspargel eignet sich die geräucherte Rehkeule.

Spickgans (Gänsebrust) (Bild 014)

Hasenpfeffer Jasmund

500 g Hasenklein
(Kopf, Hals, Bauchlappen, Nieren, Herz, Lunge)
1 1/2 l Wasser
75 g Speckwürfel
50 g Zwiebelwürfel
40 g Mehl
Pfeffer
150 g Gurkenwürfel
Essig
100 g Rotwein

Das Hasenklein gut waschen und in Wasser blanchieren. Dann das Fleisch in Würfel schneiden und dabei möglichst alle Häute und Knochen entfernen. Den Speck in einem Topf auslassen, die Zwiebeln und das Fleisch hinzugeben und gut anbräunen. Mit etwas Salz und Wasser etwa 1 Stunde schmoren lassen. Aus dem Mehl eine dunkle, trockene Schwitze herstellen und in den „Pfeffer" geben, ebenso die Gurken. Mit Salz, Pfeffer und Essig abschmekken, zum Schluß den Rotwein hinzufügen. Die Jasmunder geben einige Waldpilze der Stubnitz hinzu.

Kaninchenbraten, gebeizt

1 mittleres Kaninchen ausgenommen
80 g Speck
100 g Butter
1/8 l saure Sahne
etwas Salz
20 g Mehl

Marinade:

1/2 l Buttermilch
6 Pfefferkörner
2 Lorbeerblätter
50 g Zwiebeln
5 Wacholderbeeren
1 Stengel Thymian

Das Kaninchenfleisch etwa 2 bis 3 Tage in die Marinade legen. Den so marinierten Braten nun wie Wild spicken, mit heißer Butter übergießen und etwa 1 Stunde braten. Mit der sauren Sahne und dem Mehl eine Soße herstellen. Als Beilage eignen sich Salzkartoffeln und Rotkohl.

Rügener Gänsebraten (Bild 13)

1 mittlere Gans
Salz zum Einreiben

Zur Füllung:

300 g Backpflaumen
400 g Äpfel, geschält, entkernt und in Spalten geschnitten
60 g geriebenes Schwarzbrot

Für die Soße:

2 Eßlöffel Mehl
1/2 Tasse süße Sahne
Salz, Pfeffer, Zucker, Beifuß

Die Gans säubern, ausnehmen und innen und außen mit Salz einreiben. Vorher die Backpflaumen einweichen und danach mit den Äpfeln und dem geriebenen Schwarzbrot mischen. Je nach Geschmack die Steine der Backpflaumen entfernen. Die Füllung in die Gans geben und zunähen. Mit wenig Wasser im vorgeheizten Ofen allseitig braunbraten. Dabei öfters begießen und gegebenenfalls mit Wasser ablöschen. Danach die Gans herausnehmen und in 4 bis 6 Teile zerlegen. Die Füllung und das Fleisch warmhalten.
Aus dem Bratenfond die Soße herstellen:
Das Mehl in der Sahne anrühren und den Fond damit abziehen (es ist etwa 1/2 l Soße erforderlich). Mit Salz, Pfeffer, Zucker sowie Beifuß würzen und dann durchsieben. Zu jeder Fleischportion einen Teil der Äpfel-Pflaumen-Füllung legen. Kartoffelklöße oder Salzkartoffeln eignen sich als Beilage.

Een Gast hett sik bi den'n Ober Goosbroden bestellt.
De kümmt jo ok, un de Ober seggt to em: „Den Gänsebraten kann ich sehr empfehlen, vor dem müssen Sie den Hut abnehmen."
„Richtig", meent de Gast, „das Alter soll man ehren."

Spickgans (Gänsebrust)

(Bild 14)

1 große Gänsebrust
Pökelsalz, Pfeffer, Zucker

Die Brust mit einem sehr scharfen Messer so auslösen, daß die Brusthälften zusammenhängend bleiben. Sie dürfen keinesfalls auseinanderreißen. Die so ausgelöste Brust von allen Seiten mit Pfeffer, Pökelsalz sowie Zucker einreiben und 7 Tage kühl liegenlassen. Die sich bildende Lake reicht zum vollständigen Durchpökeln.
Die Brust dann herausnehmen, die beiden Hälften zusammenklappen und die Randseiten zusammennähen. So vorbereitet die Brust auf einem Spieß in der Räucherkammer räuchern. Das erfolgt über kaltem Buchenholzschmok unter Zusatz von Wacholderbeeren. Manchmal ist auch eine Zugabe von Kiefernzapfen erwünscht. Geräuchert wird 1 bis 2 Tage. Damit sie sehr dünn geschnitten werden kann, muß die Brust kühl gelagert werden.
Als Beilage werden gern Bratkartoffeln gegessen.

Suppenhuhn nach Else

1 kleines Huhn (etwa 900 g), ausgenommen, ohne Kopf und Bein
100 g Möhren
1 Zwiebel
1 Stange Porree
50 g Sellerie
Salz, Pimentkörner
1 Lorbeerblatt
100 g Butter
40 g Mehl
Zucker, Pfeffer

Das Huhn gut waschen und mit Wasser aufsetzen. Nach dem ersten Kochen abschäumen und die Möhren, die Zwiebel, den Porree, den Sellerie sowie Salz, Piment und Lorbeerblatt hinzugeben. Alles zusammen etwa 2 Stunden langsam kochen. Das Huhn herausnehmen und in Portionsstücke zerlegen. 50 g Butter in einer Stielpfanne erhitzen und darin das Hühnerfleisch braunbraten. Aus der restlichen Butter und dem Mehl eine hellbraune Schwitze herstellen und mit Hühnerbrühe ablöschen. Mit Zucker und Pfeffer abschmecken. Dazu Salzkartoffeln und Mischgemüse als Beilage. Die Brühe ebenfalls abschmecken. Dabei das abgefallene Kleinfleisch und das gekochte Gemüse als Einlage verwenden. Diese Suppe wird als Vorsuppe verwendet.

Wildschweinsteak mit Preiselbeerbirnen

4 Scheiben Wildschweinsteak je 150 g
2 Eßlöffel Öl
Salz
4 gedünstete Birnenhälften
Birnensaft
4 Eßlöffel Preiselbeerkompott
(ersatzweise auch rote Johannisbeeren
oder Heidelbeeren)

Das Fleisch klopfen und in dem erhitzten Öl braten. Beim Braten das Fleisch ab und zu mit dem Bratensatz begießen. Nach dem Wenden erst salzen. Die Steaks auf eine vorgewärmte Platte geben. Den Bratensatz mit etwas Wasser loskochen und über das Fleisch geben. Die Birnen in dem Saft erhitzen, gut abtropfen lassen, mit dem Preiselbeerkompott füllen und mit auf der Platte anrichten. Dazu Rotkohl und Kartoffelbällchen reichen.

Zudarer Wildgans

1 Wildgans
Speck
50 g Butter
Salz 20 g Kartoffelmehl

Die gut gesäuberte und ausgenommene Gans salzen und mit einem Salbeistengel füllen. In einen Schmortopf den in Scheiben geschnittenen Speck geben und erhitzen. Darauf die Gans legen und mit der zerlassenen Butter übergießen. Dann die Gans in etwa 1 1/2 Stunden garschmoren. Den entstandenen Fond mit Kartoffelmehl binden. Handelt es sich um ein älteres Tier, sollte man vor dem Schmoren die Haut abziehen. Salzkartoffeln und Rotkohl oder süßsaure Kompotte eignen sich als Beilage.

„Leeker bünn ick nich", säd de Jung,
„awer ick ät giern, wat god schmeckt."

Rezepte

Spezialitäten der Insel

Graue Klöße nach Mutter Gau (Bild 15)

Appelgriebsch

1000 g Gänseflomen und Rückenfett
4 Äpfel, geschält
2 Zwiebeln, grob gewürfelt
1 Strauß Thymian
6 Äpfel, möglichst säuerlich, in Stückchen

Den Gänseflomen und das Rückenfett durch den Wolf drehen, mit etwas Wasser in einem Topf auf kleiner Flamme ausbraten und währenddem die geschälten Äpfel, die vorbereiteten Zwiebeln und den Strauß Thymian hineingeben. Die Äpfel und Zwiebeln, wenn sie braun gebraten sind, herausnehmen. Das Fett nun so lange braten, bis die Grieben eine goldbraune Farbe haben. Danach durchseihen. Den Topf nochmals aufsetzen, darin die säuerlichen Apfelstückchen schmoren und mit dem Schneebesen verrühren. Die Grieben unterrühren und in Gläser füllen. Zu Brot oder Pellkartoffeln reichen.

Eiergrog

4 Eigelb
4 Eßlöffel Zucker
1/4 l Rum
kochendes Wasser

Eigelb und Zucker schaumig schlagen. Den Rum erhitzen und unter Rühren hinzufügen. Den Eiergrog in 4 Gläser füllen. Je nach Belieben mit kochendem Wasser auffüllen.

Gefüllte Landgurken

1500 g grüne Gurken
Salz
50 g Speck
30 g Zucker
1/3 l Brühe
1/8 l saure Sahne

Zur Füllung:

250 g gehacktes Schweinefleisch
2 Eier
40 g Semmelmehl
Salz, Pfeffer

Die möglichst dicken und großen Gurken schälen und der Länge nach halbieren. Mit einem kleinen Löffel die weichen Teile entfernen, mit der vorher zubereiteten Fleischmasse füllen und beidseitig zusammenbinden. In einem breiten Topf den in Scheiben geschnittenen Speck sowie den Zucker bräunen, mit der Brühe auffüllen und darin die Gurken weichschmoren. Vor dem Anrichten den Bindfaden entfernen. Den Fond mit saurer Sahne binden und als Soße reichen. Salzkartoffeln eignen sich als Beilage.

Graue Klöße nach Mutter Gau (Bild 15)

400 g Mehl
4 Eier
Salz
1 Päckchen Backpulver
100 g Speck
2 Zwiebeln, gewürfelt
50 g schwarzer Sirup

Aus dem Mehl, den Eiern, dem Backpulver sowie einer Prise Salz einen Teig herstellen,

Kirschsuppe mit Bauchfleisch (Bild 16)

Klöße formen und in kochendes Salzwasser geben. Wenn die Klöße an der Oberfläche schwimmen, sind sie gar. In einer Pfanne Speck auslassen und darin die Zwiebeln goldgelb rösten. Die Klöße auf einem Teller anrichten und das Speck-Zwiebel-Gemisch darübergeben. Den Sirup in einer Schale extra reichen. Beim Essen wird ein wenig Sirup auf die Klöße gegeben.

Grog

1/2 l Wasser
40 g Zucker
1/4 l Rum

Das Wasser mit dem Zucker zum Kochen bringen. Rum unterrühren und nochmals kurz erhitzen. Sofort servieren.

Wie trinkt man den Grog nun wirklich auf Rügen?

Zum Verdünnen von Grog weiches Wasser nehmen. Gibt es nur hartes, dann Wasser ganz weglassen. Weglassen vorsichtshalber auch den Zucker ab dem 6. Glas. Beim dreizehnten und allen weiteren Gläsern kann der Zucker wieder hinein, da ist ohnehin nichts mehr zu retten.

Himmel und Erde

(Kartoffelbuletten mit gekochtem Backobst)

800 g gekochte Kartoffeln
50 g Butter
1/8 l Milch
Salz, Muskat
30 g Mehl
2 Eier
100 g Margarine
250 g Backobst
100 g Zucker

Die gekochten Kartoffeln durchpressen bzw. stampfen und mit Butter, der Milch sowie Salz und Muskat durchrühren. Danach mit Mehl und den Eiern eine feste Masse kneten. Diese dann rund zu „Buletten" formen und in Margarine braten. Das Backobst (Backpflaumen, Trockenbirnen, Trockenaprikosen usw.) mit etwas Wasser sowie dem Zucker kochen und abgekühlt zu den Buletten als Beigabe geben.

Kartoffelkuchen

10 große Kartoffeln
1 Zwiebel, feingerieben
30 g Mehl
2 Eier
Salz
100 g Zucker
80 g Schmalz

Die Kartoffeln schälen und reiben. Aus der geriebenen Masse nach einiger Zeit etwas Wasser entfernen. Dann die Zwiebel, das Mehl und die Eier gut untermischen. In einer Stielpfanne das Schmalz erhitzen und darin 8 mittlere Kuchen beidseitig backen. Mit Zucker servieren. 1 Tasse Kaffee oder Kakao sind typische Getränke zu diesem Gericht.

Wasserkringel (Bild 17)

Kirschsuppe mit Bauchfleisch (Bild 16)

500 g frische Sauerkirschen
150 g Zucker
400 g Bauchfleisch
200 g Mehl
4 Eier
Salz

Die entstielten und gewaschenen Kirschen mit dem Zucker und 1 l Wasser kurz aufkochen. In einem gesonderten Topf das in Stücke geschnittene Bauchfleisch mit etwas Salz garkochen. Dann das Fleisch in die Suppe geben und nochmals aufkochen. Aus dem Mehl und den Eiern einen Teig zubereiten und mit einem kleinen Löffel Klöße (Klieben) in die Suppe abstechen. Nochmals etwa 3 Minuten kochen und sehr heiß servieren.

Obst, in Essig und Zucker eingelegt

500 g reife Früchte
(z.B. Apfelstücke, Birnen, Pflaumen, Pfirsiche, Kürbis, Beerenobst)
125 g Zucker
1 Tasse Weinessig
1 Stückchen Stangenzimt
1/2 Gewürznelke

Zucker, Essig und Gewürze zum Kochen bringen. Die sauberen, gewaschenen und gut abgetropften Früchte hineingeben. Nur so lange kochen, daß sie noch nicht ganz weich sind. Die Früchte auf einem Sieb abtropfen lassen, den Fond auffangen. Gut gesäuberte Gläser bereitstellen und die Früchte hineingeben. Den Essigsirup nochmals gut aufkochen und vorsichtig über die Früchte gießen. Bestens geeignet als Beilage zu Braten und Wildgerichten.

Rügener Béchamelkartoffeln

1200 g Kartoffeln
80 g durchwachsener Speck
1 Zwiebel, in feine Würfel geschnitten
50 g Mehl
1/4 l Milch
Pfeffer, Salz, Muskat, Zucker
400 g magerer Schinkenspeck oder
4 geräucherte Salzheringe

Die Kartoffeln kräftig waschen und ungeschält kochen. In einem zweiten Topf den vorher in Würfel geschnittenen Speck auslassen und darin die Zwiebeln glasig dünsten. Daraus mit Mehl eine helle Schwitze bereiten und mit der Milch ablöschen. Gut durchkochen und mit Pfeffer, Salz, Muskat und Zucker lieblich abschmecken. Die noch warmen Pellkartoffeln schälen, in Scheiben schneiden und in diese Soße geben. Noch einmal kurz aufkochen. Als Beigabe eignen sich magerer Schinkenspeck oder gut geräucherter Salzhering.

Schmorgurken

1000 g frische Gurken
Salz
30 g Butter
60 g durchwachsener und gewürfelter Speck
1 feingehackte Zwiebel
1 Eßlöffel Mehl
1 Tasse Milch
1/2 Tasse saure Sahne
1 Eßlöffel gehackte Petersilie
1 Eßlöffel gehackter Dill
Salz, Pfeffer, Zucker

Die Gurken schälen, der Länge nach aufschneiden und mit einem Löffel die Kerne entfernen. Die Gurken dann in breite Streifen schneiden, in eine Schüssel geben und mit Salz betreuen. Etwa 30 Minuten stehenlassen. In einem Topf den Speck auslassen. Butter hinzugeben, erhitzen und die Zwiebeln darin leicht bräunen. Das Mehl beifügen und eine braune Schwitze herstellen, die Milch zugeben und gut durchkochen lassen. Dann die Gurken hinzugeben und 10 bis 15 Minuten leicht kochen lassen. Danach die saure Sahne und die Kräuter hineingeben. Mit Salz, Pfeffer und Zucker abschmecken. Pellkartoffeln als Beilage.

Stampfkartoffeln mit Buttermilch

900 g geschälte Kartoffeln
100 g durchwachsener Speck
1 Eßlöffel Mehl
1/4 l Buttermilch
Salz, Pfeffer, Muskat

Die geschälten Kartoffeln in Salzwasser weichkochen, abgießen und zerstampfen. Zugedeckt warmhalten. In einer Pfanne Würfelspeck anbraten, erst Mehl und nach kurzem Anschwitzen Buttermilch hinzugeben. Daraus eine dicke Soße herstellen, zu den zerstampften Kartoffeln geben, gut umrühren und mit Salz, Pfeffer und Muskat abschmecken. Als Beilage für viele Fisch- und Fleischgerichte geeignet.

***„Morgens rund, mittags gestampft,
abends in Scheiben,
so soll es bleiben, es ist gesund.“***

J. W. Goethe

Stremelgurken

1000 g grüne Gurken
Salz
2 Teelöffel Essig
75 g Zucker
1/1 Teelöffel Zimt
5 Pimentkörner
1 Lorbeerblatt

Die Gurken schälen und der Länge nach halbieren, die Kerne entfernen und dann 24 Stunden in Salz legen. Am nächsten Tag die Gurken in fingerdicke, etwa 3 cm lange Stücke schneiden und mit dem Essig, dem Zucker und einer Prise Salz kochen. Die Gewürze ebenfalls bereits beim Kochen hineingeben. Die Gurkenstücke in einen Steintopf oder in Schraubgläser legen. Eignet sich gut als Beilage zu allen gebratenen Fischgerichten.

Sturmbowle

1/2 l heißer starker Tee
75 g Zucker
1/4 l Rotwein
1/8 l Rum
Saft einer Zitrone

Die Zutaten gut mischen und in einem Topf fast zum Kochen bringen. Gegebenenfalls mit Zucker nachschmecken. Sehr heiß servieren.

Tollatschen

800 g Mehl
150 g Semmelmehl
400 g Zucker
3/8 l Schweineblut
100 g Rosinen
1 Teelöffel Salz
1 Prise Anis
1 Messerspitze Thymian
50 g Griebenschmalz
2 l Fleischbrühe
4 große Äpfel, geschält, entkernt und in Scheiben geschnitten
70 g Schmalz zum Braten

Mehl, Semmelmehl und Zucker mischen. Das mit einigen Tropfen Essig verrührte Schweineblut mit dem Mehlgemisch verrühren, bis eine dicke Masse entsteht. Dann Rosinen, Salz, Thymian und geschmeidiges Griebenschmalz hinzugeben. Alles gut kneten und abschmecken. Von der Masse Klöße formen und in Fleischbrühe 10 bis 15 Minuten garziehen lassen. Nach dem Abkühlen in Scheiben schneiden. In einer Pfanne die Tollatschen und Apfelscheiben in Schmalz beidseitig anbraten und so anrichten.

Wasserkringel (Bild 17)

500 g Mehl
250 g Butter
250 g Zucker
1 Tasse Milch
4 Eier
20 g Hefe
125 g Mandeln
250 g Rosinen
50 g Puderzucker

Aus dem Mehl, 125 g Zucker, der Milch, 3 Eiern und der Hefe einen Teig kneten, in ein weißes Tuch hüllen, zubinden und über Nacht in kaltes Wasser legen. Am nächsten Tag herausnehmen und abtrocknen. Danach die kleingehackten Mandeln, die gewaschenen Rosinen und den restlichen Zucker einkneten, einen Kranz formen und gehenlassen. Danach mit etwas Ei bestreichen und abbacken. Den fertigen Kranz mit etwas Zuckerguß beträufeln.

Kalte Speisen

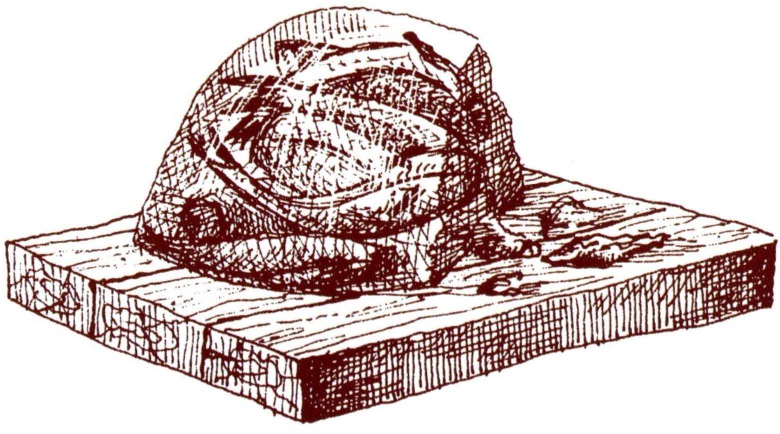

Aal, sauer gekocht

1000 g Aal
40 g Zwiebeln
40 g Sellerie
30 g Petersilienwurzeln
1 Lorbeerblatt
25 g Gelatine
1/4 l Essig
1 l Wasser
Salz, Zucker

Den Aal gut säubern und in Stücke schneiden. Aus dem Wasser, den Zwiebeln, dem Sellerie, der Petersilienwurzel und dem Lorbeerblatt sowie etwas Salz einen Sud kochen und darin den Aal garen. Danach im Fond erkalten lassen. Den Fisch herausnehmen und in eine Schüssel legen. Den Fond durchseihen und mit Essig, Salz, Zucker süßsauer abschmecken und wieder erwärmen. Die eingeweichte Gelatine hineingeben und vollständig auflösen lassen, über den Fisch geben und 24 Stunden kaltstellen. Bratkartoffeln oder Brot sind als Beilage geeignet.

Bratheringe, mariniert

8 bis 10 grüne Heringe
50 g Mehl
150 g Margarine
1/2 l Essig
1 l Wasser
50 g Zwiebelscheiben
5 Gewürzkörner
1 Lorbeerblatt
Zucker, Salz

Die grünen Heringe nach dem 3-S-System (Säubern, Säuern, Salzen) vorbereiten. Dann mehlieren, in sehr heißem Fett goldbraun braten und in eine größere Schüssel legen. Aus Wasser, Essig, Zwiebelscheiben und den Gewürzen einen Fond kochen und einen Teil davon in der Pfanne ablöschen. Das Ganze erkalten lassen, über die abgekühlten Bratheringe geben und mindestens 2 Tage kaltstellen. Als Beilage Bratkartoffeln oder Brot.

Eisbeinsülze Rügener Art

1 kg Eisbein
6 Eßlöffel Essig
8 Wacholderbeeren
4 Lorbeerblätter
8 Pfefferkörner
2 Zwiebeln, geviertelt
3 Gewürznelken
1 Eßlöffel Salz
1 Eßlöffel Zucker
4 l Wasser
100 g Möhren
100 g Gewürzgurken

Alle Zutaten (ohne die Gurken) in einen großen Topf geben und bei kleiner Flamme zum Kochen bringen. Das Fleisch so lange kochen, bis es gar ist, dann aus dem Fond nehmen. Die Flüssigkeit so lange kochen, bis sie auf etwa 1 l reduziert ist, durch ein Sieb geben, abkühlen lassen und entfetten. Den Sud dann abschmecken. Das Fleisch in kleine Würfel schneiden, mit Möhrenwürfeln sowie Gurkenwürfeln in eine Schüssel geben und vorsichtig mit dem Sud übergießen. In den Kühlschrank stellen, bis die Sülze fest ist. Bratkartoffeln als Beilage.

„Bäter wat in't Liew as üm't Liew."

Grüne Heringe, sauer gekocht

8 grüne Heringe
1 Zwiebel
Spritessig
Piment, Pfeffer, Salz,
Lorbeerblätter, Rosmarin

Die Heringe putzen, ausnehmen und ausgiebig waschen. Danach in eine Schüssel legen. Aus einem halben Liter Wasser, einem halben Liter Essig, der in Scheiben geschnittenen Zwiebel und dem gestoßenen Piment sowie etwas Pfeffer einen Fond kochen. Den Fond heiß über die Heringe gießen und diese darin 2 bis 3 Stunden liegenlassen. In einen Steintopf die Heringe dann schichtweise mit Lorbeer, gestoßenem Piment, schwarzem Pfeffer und Rosmarin einlegen. Dazwischen immer etwas Salz streuen. Diese Schichtung mit Lorbeer abschließen und mit der Brühe begießen. Das Ganze mit einem Teller bedecken und mit einem Stein beschweren. So verschlossen bleiben die Heringe 14 Tage im Kühlschrank stehen. Danach reicht man sie besonders zum Frühstück unter Zugabe von etwas Essig.

Hering auf Mecklenburger Art

2000 g kleine Salzheringe
1 l Milch
1/2 l Buttermilch
4 Zwiebeln
4 Gewürzgurken
125 g Quark
Pfefferkörner, Lorbeerblatt,
Thymian, Essig

Die Heringe säubern, auch Kopf und Schwanz entfernen, ausnehmen und eine Nacht wässern (vorhandene Heringsmilch ebenfalls mit wässern). Danach abtropfen lassen und etwa 3 Stunden in Milch legen. In eine entsprechend große Schüssel abwechselnd schichten: Heringe, Zwiebelscheiben, Gurkenscheiben, Pfefferkörner, Thymian, zerkleinertes Lorbeerblatt, Heringe usw. Die Milch, die Buttermilch, den Quark gut verquirlen, vorhandene Heringsmilch zerkleinern und dazugeben. Mit etwas Muskat und Essig abschmecken und die Mischung über die Heringe gießen. Nach weiteren 3 Stunden sind die Heringe verzehrfertig. Pellkartoffeln, Stampfkartoffeln und grüne Salate sind als Beilage geeignet.

Heringssalat nach Art der Küstenfischer

4 Salzheringe, gewässert, entgrätet und abgezogen, in Würfel geschnitten
1 Salzgurke
2 große Äpfel, geschält, entkernt und in Würfel geschnitten

Zur Marinade:

1 Eßlöffel Johannisbeergelee oder -konfitüre
1 Teelöffel Senf
1 Eßlöffel Kapern
Saft einer Zitrone
200 g Kalbsbraten in Würfeln
2 Eßlöffel Perlzwiebeln
2 Eßlöffel Essig
2 Eßlöffel Öl
Salz, Pfeffer, Zucker

Die Bestandteile der Marinade gut miteinander vermischen, die Würfel von Hering, Gurke, Äpfeln und Kalbsbraten untermischen und mit Salz, Pfeffer und Zucker würzen. Einige Stunden durchziehen lassen. Mit hartgekochten Eiern, Petersilie oder auch Früchten garnieren. Brot, Brötchen und Bier sind passende Beilagen.

Jasmunder Pfefferhering

8 bis 10 grüne Heringe
1/2 l Essig
Salz, Pfeffer
4 große Zwiebeln in Scheiben

Die grünen Heringe säubern, ausnehmen, Kopf und Schwanz entfernen. Nochmals gut waschen, abtropfen lassen und 4 Stunden in Essig garenlassen. Dann die Heringe herausnehmen und entgräten. Die so entstandenen Filets in einen Steintopf oder eine Steingutschüssel schichten in der Reihenfolge: Hering, Zwiebeln, reichlich Pfeffer, Hering, Zwiebeln, Pfeffer usw. Die letzte Schicht muß aus Zwiebeln bestehen. Dann das Ganze entsprechend beschweren und einige Tage stehenlassen. Frisch gemahlener Pfeffer eignet sich besonders gut.

Makrelensalat

500 g geräucherte Makrelen
2 Zwiebeln, feingewürfelt
30 g Tomatenketchup
Salz, Pfeffer, Curry

Die Makrelen von der Haut und den Gräten befreien. Das so vorbereitete Fischfleisch mit einer Gabel zerpflücken und in eine Schüssel geben. Die Zwiebeln, den Ketchup, etwas Salz, Pfeffer und eine Spur Curry dazugeben und mit einem Holzlöffel vermischen. Toast oder Weizenbrot dazu reichen.

Rollmöpse

10 Salzheringe
20 Holzstifte

Zur Marinade:

1/4 l Essig
1/2 l Wasser
20 g Zwiebelscheiben
1 Lorbeerblatt, Zucker
10 g Senfkörner

Zum Füllen:

20 g Senf
30 g Zwiebelwürfel
1 Teelöffel Kapern
50 g Senfgurken

Die Heringe 24 Stunden wässern und dann abziehen, der Länge nach halbieren und entgräten. Von dem Senf, den Zwiebeln, Kapern und Gurken einen Brei herstellen und dünn auf die Heringshälften streichen, diese aufrollen, mit einem Holzspeil versehen und in einen Topf oder einen Glasbehälter legen. Aus den Zutaten für die Marinade einen Sud kochen. Nach dem Erkalten über die Rollmöpse gießen und mit einem Teller beschweren.
Nach 2 bis 3 Tagen sind sie verzehrfertig.

„Een grawen Knust is bäter as'n lerrig Fust."

Pikante Heringsfilethappen Sassnitzer Art

10 grüne Heringe
Essig, Salz, Zucker
150 g Zwiebelscheiben
Senfkörner
1/2 Glas Gewürzgurken

Die Heringe ausnehmen, waschen, filetieren und einige Zeit wässern. Die so behandelten Filets in einer Lösung aus 2/3 Essig und 1/3 Wasser etwa 12 Stunden garen. Die Filets müssen dann weiß sein. Danach in einem Sieb gut abtropfen lassen und in eine Schüssel schichten. Zwischen die einzelnen Schichten eine aus einem Teil Salz und drei Teilen Zukker bestehende Mischung streuen, dazu reichlich Senfkörner und Zwiebelscheiben sowie in dünne Scheiben geschnittene Gewürzgurken. Die so geschichteten Heringe mit einem Teller beschweren und mindestens 12 Stunden im eigenen Saft stehenlassen. Als Beilage Brot oder Bratkartoffeln.

„Solang de Minsch ät,
solang läwt he noch."

Sassnitzer Räucherhering

(Bild 18)

3 Eigelb
1 Eßlöffel Essig
1 1/2 Tasse saure Sahne
2 Eßlöffel Zwiebelwürfel
2 Teelöffel Senf
Pfeffer, Zucker
1 Teelöffel Öl
4 Bücklinge

In einer Schüssel die Eigelbe verrühren und alle weiteren Zutaten nach und nach unterrühren. Die Bücklinge abziehen, entgräten und in 2 Hälften filetieren. Die Filets in Streifen schneiden und in die Marinade legen. Nach 2 bis 3 Stunden ist das Gericht verzehrfertig. Landbrot oder auch Pellkartoffeln sind als Beilage geeignet.

Sassnitzer Räucherhering
(Bild 18)

Rezepte

Nachspeisen

Götterspeise (Bild 19)

Arme Ritter

6 Brötchen
2 Eier
1/4 l Milch
15 g Zucker
50 g Semmelmehl
75 g Margarine
20 g Zucker zum Bestreuen

Die Eier mit 15 g Zucker, Salz und Milch verquirlen und in eine flache Schüssel über die in Scheiben geschnittenen Brötchen gießen. Nachdem die Flüssigkeit eingezogen ist, die Scheiben in Semmelmehl wenden und in heißem Fett backen. Beim Anrichten mit Zucker bestreuen. Backobst, Fruchtsoße oder Marmelade können ebenfalls als Beigabe verwendet werden.

Götterspeise (Bild 19)

250 g Pumpernickel, feingehackt
80 g geraspelte Schokolade
1/2 l geschlagene süße Sahne
200 g Preiselbeerkompott

Den feingehackten Pumpernickel mit der geraspelten Schokolade vermischen. In eine Schüssel eine Schicht Schlagsahne füllen, darauf eine Schicht Pumpernickel-Schokolade-Gemisch, darüber eine Schicht Preiselbeerkompott und als Abschluß wieder eine Schicht Schlagsahne. In dieser Reihenfolge fortfahren, bis alles aufgebraucht ist. Einen Rest Preiselbeeren als Dekor für die obere Schicht Schlagsahne zurücklassen. Das Ganze kühlstellen und in der Schüssel servieren.

Grießpudding

250 g Grieß
1 l Milch
40 g Butter
4 Eier
60 g Zucker
20 g Mandeln
1/4 Stange Vanille
10 g Butter für eine Form

Die Milch mit der Vanille und 10 g Butter zum Kochen bringen, den Grieß einrühren und daraus einen steifen Brei kochen. Inzwischen 30 g Butter schaumig rühren, die Eigelbe, den Zukker und gehackte Mandeln hineingeben, den Grießbrei gut mit der Masse verbinden, den Schnee vom Eiklar leicht unterheben und in eine mit 10 g Butter ausgestrichene Puddingform geben. Diese verschließen und eine Stunde im Wasserbad kochen. Die Form herausnehmen und nach etwa 5 Minuten auf eine warme Platte stürzen. Eine Fruchtsaftsoße dazu reichen.

Haferflockenplinsen

150 g Haferflocken
1/4 l Milch
1 Ei
50 g Mehl
20 g Zucker
50 g Schmalz
30 g Zucker
Zimt
Salz
20 g Butter

Aus den Haferflocken, der Milch, dem Ei, Mehl, Zucker und Salz einen Teig herstellen und 1/2 Stunde stehenlassen. In einer Stielpfanne das

Schmalz erhitzen, den Teig zu flachen Plinsen formen und in der Pfanne auf beiden Seiten backen. Mit Zucker und Zimt bestreuen sowie mit zerlassener Butter begießen und möglichst heiß servieren.

Heidelbeereierkuchen

750 g Heidelbeeren
250 g Weizenmehl
2 gestrichene Teelöffel Backpulver
3 Eigelb
1 Teelöffel Salz, Zucker
1/2 l Milch
3 Eiklar
100 g Margarine

Die Heidelbeeren verlesen, waschen und gut abtropfen lassen. Das gesiebte Mehl mit dem Backpulver mischen und in eine Schüssel geben. In die Mitte eine Vertiefung drücken und das mit Salz, Zucker und etwas Milch gut verschlagene Eigelb hineingeben. Von der Mitte aus Eigelb und Mehl verrühren. Nach und nach die übrige Milch dazugeben. Zuletzt das zu steifem Schnee geschlagene Eiklar unterheben. Etwas Margarine in einer Stielpfanne zerlassen, eine dünne Teiglage hineingeben, eine Schicht Heidelbeeren darauf legen und sie dünn mit Teig bedecken. Die Eierkuchen von beiden Seiten goldbraun backen. Die Obstseite mit Zucker bestreuen.

Quarkkeulchen

500 g gekochte und geriebene Kartoffeln
1 bis 2 Eigelb
200 g Quark
30 g Zucker
20 g Korinthen
etwas Salz
50 g Mehl
1 bis 2 Eiklar
75 g Schmalz

Die Kartoffeln tags vorher kochen und pellen. Am nächsten Tag durch den Fleischwolf treiben und mit den angegebenen Zutaten mischen. Zuletzt das geschlagene Eiklar untermischen. Mit etwas Mehl runde, flache Klöße formen und von beiden Seiten in heißem Schmalz braunbraten. Mit Zucker bestreuen und möglichst heiß servieren.

Rhabarberflammeri

3/4 l Wasser
500 g Rhabarberstückchen
1/2 Zitronenschale
175 g Zucker
120 g Grieß
1 Teelöffel Zitronensaft

Die Rhabarberstückchen mit Wasser und der Zitronenschale weichkochen und durch ein Sieb rühren. Den so gewonnenen Saft mit dem Zucker zum Kochen bringen und mit dem Grieß andicken. Mit Zitronensaft abschmecken und in eine ausgespülte Form geben. Vor dem Anrichten stürzen und mit Vanillesoße servieren.

Rote Grütze auf Jasmunder Art (Bild 20)

1000 g rote Früchte
(Johannisbeeren, Himbeeren, Brombeeren, Erdbeeren, Sauerkirschen)
100 g Zucker
100 g Maismehl
1/8 l Rum

Die Früchte verlesen, waschen und entstielen, die Kirschen entsteinen. Abtropfen lassen und eine Tasse voll abnehmen. Die restlichen Früchte mit etwa 1 l Wasser und 80 g Zucker garkochen, aber nicht zerkochen. Maismehl mit 2 Eßlöffel kaltem Wasser anrühren und damit die Grütze binden. Noch einmal kurz aufkochen, den Rum danach hinzugeben. Die vorher abgenommene Tasse Früchte (mit dem restlichen Zucker) mittels einer Gabel zerdrücken und unter die Grütze heben. Sahne oder Vanillesoße, gegebenenfalls auch Milch dazu reichen.

Waffeln nach Mutter Gau

3 Eier
125 g Zucker
150 g Margarine
100 g Maismehl
100 g Mehl
1/2 Päckchen Backpulver

Die Eier mit dem Zucker schaumig schlagen und in eine Schüssel mit der zerlassenen Margarine geben. Maismehl, Mehl und Backpulver hinzufügen und gut durchrühren. Auf dem vorgeheizten Waffeleisen sofort backen und auf einem Gitterrost erkalten lassen. In einer Blechdose sind diese Waffeln sehr lange haltbar.

Zitronenkrem

1 Eßlöffel Pulvergelatine
4 Eier
150 g Zucker
2 Zitronen

Die Gelatine einweichen und anschließend im warmen Wasserbad auflösen. Die Eigelbe mit dem Zucker schaumig rühren und mit dem Zitronensaft sowie der geriebenen Schale einer Zitrone vermischen. Die übriggebliebenen Eiklar steifschlagen und unter die Masse heben. Dann die Gelatine unterheben und kühlstellen. Je nach Geschmack kann auch geschlagene süße Sahne untergehoben werden.

Rote Grütze auf Jasmunder Art (Bild 20)

LITERATURVERZEICHNIS

Autorenkollektiv: Das Leibgericht mit Liebe zubereitet. Hamburg: Verlag Hoffmann und Campe 1975

Autorenkollektiv: Lebensmittel-Lexikon, 2., verb. Auflage. Leipzig: VEB Fachbuchverlag 1981

Degner; P.: Erinnerungen an die Verwertung der Heringe des Ostseegebiets in früheren Zeiten. In: Mitteilungen des Deutschen Seefischerei-Vereins – Berlin 33 (1917), S. 226 bis 233

Drummer, K.; Muskewitz, K.: Von Apfelkartoffeln bis Zwiebelkuchen. Leipzig: VEB Fachbuchverlag 1982

Erntebrauchtum einst und jetzt / Mecklenburgisches Folklorezentrum für die drei Nordbezirke – Rostock: 1984

Ewe, H.: Hiddensee, 3. Auflage. Rostock: VEB Hinstorff Verlag 1983

Ewe, H.: Rügen, 1., neugestaltete Auflage. Rostock: VEB Hinstorff Verlag 1985

Forschung, Aneignung und Weiterentwicklung folkloristischer Traditionen theoretische und praktische Aspekte der Folklorepflege in den drei Nordbezirken: Kolloquium 26. Mai 1979 in Rostock – 1980

Grümbke, J. J.: Streifzüge durch das Rügenland. Altona: J. F. Hammerich 1815

Gustavs, A.: Die Insel Hiddensee. Rostock: VEB Hinstorff Verlag 1953

Haas, A.: Rügensche Volkskunde, Stettin: Verlag von Arthur Schuster 1920

Otto, M.: Gastronomische Entdeckungen in der DDR. Berlin: Verlag Die Wirtschaft 1984

Paries, G.: Rügensches Heimatbuch. Berlin: Verlag und Druck: Buchdruckerei Herrmann Bode 1932

Peesch, R.: Die Fischereikommunen auf Rügen und Hiddensee. Berlin: Akademie-Verlag 1961

Ritzerow, F.: Mecklenburgisches Kochbuch, fotomechanischer Nachdruck der Ausgabe von 1868. Rostock: VEB Hinstorff Verlag 1981

Rudolph, W.: Die Insel Rügen. Rostock: Carl Hinstorff Verlag 1955

Schmidt, K.: Neue Entdeckungen auf Rügen und Hiddensee. Leipzig: VEB F. A. Brockhaus Verlag 1985

Steffen, W.: Kulturgeschichte von Rügen bis 1815. Köln, Graz: Böhlau Verlag 1963

Zeitschrift „Gastronomie". Berlin: 1970 bis 1985

Rezeptverzeichnis

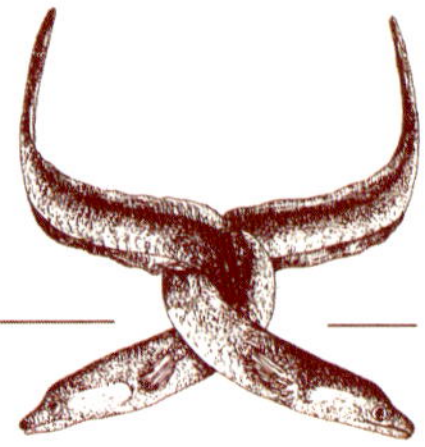